学前教育专业实习实训指导

其其格　纳丽娜　主编

朱乌英嘎　赵映明　副主编

首都师范大学出版社
CAPITAL NORMAL UNIVERSITY PRESS

图书在版编目(CIP)数据

学前教育专业实习实训指导 / 其其格，纳丽娜，主编；朱乌英嘎，赵映明副主编. -- 北京：首都师范大学出版社，2024.10. -- ISBN 978-7-5656-8374-9

Ⅰ. G612-62

中国国家版本馆 CIP 数据核字第 2024F85U11 号

XUEQIAN JIAOYU ZHUANYE SHIXI SHIXUN ZHIDAO

学前教育专业实习实训指导

其其格　纳丽娜　主编

朱乌英嘎　赵映明　副主编

责任编辑　丁燕伟

首都师范大学出版社出版发行

地　址　北京西三环北路 105 号

邮　编　100048

电　话　68418523(总编室)　68982468(发行部)

网　址　http://cnupn.cnu.edu.cn

印　刷　北京印刷集团有限责任公司

经　销　全国新华书店

版　次　2024 年 10 月第 1 版

印　次　2024 年 10 月第 1 次印刷

开　本　880mm×1230mm　1/32

印　张　10.5

字　数　223 千

定　价　56.80 元

编 委 会

前　言

当今教育理念日益更新，学前教育作为基石，其重要性日益凸显。

《学前教育专业实习实训指导》由高校学前教育专业教师团队以及部分市级幼儿园园长共同编写，凝聚了众多资深学前教育专业教师和幼儿园管理者的智慧。本书的编写旨在为学前教育领域的预备教师提供一个较全面的理论与实践结合的框架。本书内容不仅涵盖了学前教育的基础理论，还包括了实际教学的具体指导。全书包括四部分内容：

第一，专业理念与师德。通过对幼儿园相关政策的深入解读，引导幼教专业学生构建正确的儿童观和教育观。此外，本书还强调了教师个人修养与行为准则的重要性，这是成为一名优秀幼教工作者的基石。

第二，专业知识。这部分内容深入探讨了幼儿发展的理论，包括早期发展理论，国内外的早期教育理论，以及通识性知识的广泛涵盖。这些内容旨在构建一个坚实的理论基础，以支持幼儿教师在学前教育领域的专业发展。

第三，专业能力。这部分内容着重讨论教师在实际教学环境中的关键能力，如环境创设、日常保育管理，以及游戏活动的有效设计与引导。

第四，关于幼儿园教育活动的概述。全面介绍了幼儿园教育活动五大领域的内容，同时探讨了实习实践中的激励与评价方法、沟通与合作技巧，以及反思与发展的重要性。

本书第一章由纳丽娜编写，第二章、第四章、第五章、第七章、第九章、第十二章由其其格编写，第三章由李晓红编写，第六章由刘志月、乌日罕编写，第八章由安梅琴、毕薇薇编写，第十章由梅花、韩斯琴编写，第十一章由包广艳编写，全书由其其格、纳丽娜、朱乌英嘎、赵映明统稿。

本书不仅可以作为学前教育专业学生实习实训的指导用书，同时也可为在职教师提供参考。希望读者通过阅读本书，能够深入理解学前教育的重要性，走好专业成长之路，从而为幼儿创造一个更加丰富有益的学习环境。

编者

2024 年 7 月

目　录

第一章　幼儿园相关政策解读 ………………………………（1）

第一节　《幼儿园教育指导纲要（试行）》解读 ……………（3）

第二节　《3—6 岁儿童学习与发展指南》解读 ……………（6）

第三节　《幼儿园保育教育质量评估指南》解读 ………（12）

第四节　《幼儿园工作规程》解读 ……………………（17）

第五节　《幼儿园教师专业标准（试行）》解读 …………（21）

第二章　树立正确的儿童观、教育观，提高个人修养 …（25）

第一节　坚持保教结合 ……………………………（27）

第二节　以游戏为基本活动 …………………………（30）

第三节　关爱幼儿，尊重幼儿人格 ……………………（33）

第四节　关于幼儿教师着装的建议 ……………………（36）

第五节　幼儿教师应具有健康的心理 …………………（38）

第六节　幼儿教师应坚持终身学习 ……………………（42）

第三章　幼儿发展的理论和常识 …………………………（47）

第一节　皮亚杰的学习理论 …………………………（49）

第二节　维果茨基的文化历史发展理论和心理发展观
……………………………………………………（52）

第三节　埃里克森的心理发展理论 ……………………（56）

第四节　加德纳的多元智能理论 ………………………（62）

第五节　布朗芬布伦纳的生态系统理论 …………………（65）
第六节　幼儿言语的发展 ……………………………………（69）
第七节　幼儿思维的发展 ……………………………………（79）
第八节　幼儿记忆的发展 ……………………………………（82）
第九节　幼儿情绪、情感的发展 ……………………………（92）
第十节　幼儿社会性的发展 …………………………………（97）
第四章　幼儿教育理论概略 ………………………………（107）
第一节　陶行知的教育理论 …………………………………（109）
第二节　陈鹤琴的教育理论 …………………………………（114）
第三节　张雪门的教育理论 …………………………………（117）
第四节　张宗麟的教育理论 …………………………………（120）
第五节　瑞吉欧教育思想 ……………………………………（124）
第六节　华德福教育思想 ……………………………………（131）
第七节　蒙台梭利教育思想 …………………………………（138）
第八节　高瞻课程理论 ………………………………………（142）
第五章　幼儿教师应知应会的通识性知识 ………………（147）
第一节　自然科学和人文社会科学知识 ……………………（149）
第二节　艺术欣赏与表现知识 ………………………………（153）
第三节　现代信息技术知识 …………………………………（156）
第六章　幼儿园环境的创设与利用 ………………………（161）
第一节　幼儿园环境创设的概念与要求 ……………………（163）
第二节　幼儿园的物质环境创设 ……………………………（170）
第三节　幼儿园的心理环境创设 ……………………………（175）

第七章　幼儿园一日生活的组织与保育活动 …………… (181)
第一节　幼儿园一日生活基本内容与组织 …………… (183)
第二节　幼儿园一日生活中的常规培养 …………… (187)
第三节　幼儿园常见安全事故的处理 …………… (193)
第八章　幼儿园游戏活动的支持与引导 …………… (197)
第一节　幼儿园游戏的意义与价值 …………… (199)
第二节　幼儿园游戏的基本类型 …………… (201)
第三节　幼儿园游戏材料的选择与投放 …………… (204)
第四节　幼儿园区域游戏的设计与指导 …………… (209)
第九章　幼儿园教学实习课程方案 …………… (213)
第一节　幼儿园教学活动的类型及特点 …………… (215)
第二节　健康领域的教学要求与组织形式 …………… (218)
第三节　幼儿身心状况发展与指导 …………… (222)
第四节　幼儿的动作发展与指导 …………… (229)
第五节　幼儿生活习惯与生活能力的发展与指导 …… (234)
第十章　幼儿园语言领域和社会领域的实习实践 ……… (239)
第一节　语言领域的教学要求与组织形式 …………… (241)
第二节　幼儿听说能力的发展与指导 …………… (244)
第三节　幼儿阅读、书写的准备与指导 …………… (249)
第四节　社会领域的教学要求与组织形式 …………… (254)
第五节　幼儿人际交往能力的发展与指导 …………… (259)
第六节　幼儿社会适应能力的发展与指导 …………… (264)
第十一章　幼儿园科学领域和艺术领域的实习实践 …… (267)
第一节　科学领域的教学要求与组织形式 …………… (269)

第二节　幼儿科学探究能力的发展与指导 …………… (273)
第三节　幼儿数学认知能力的发展与指导 …………… (276)
第四节　艺术领域的教学要求与组织形式 …………… (279)
第五节　幼儿感受与欣赏能力的发展与指导 ………… (282)
第六节　幼儿表现与创造能力的发展与指导 ………… (287)
第十二章　幼儿教师的教育艺术 ……………………… (291)
第一节　在日常教育教学中关注幼儿 ……………… (293)
第二节　运用科学方法了解和评价幼儿 …………… (296)
第三节　与幼儿有效沟通的策略 …………………… (299)
第四节　良好同事关系的建立 ……………………… (302)
第五节　家园沟通与合作的方法 …………………… (305)
第六节　幼儿园与社区合作的策略 ………………… (309)
第七节　提升反思能力，促进工作开展 …………… (313)
第八节　制定发展规划，提升专业素质 …………… (319)
参考文献 ………………………………………………… (323)

第一章

幼儿园相关政策解读

第一节　《幼儿园教育指导纲要(试行)》解读

于2001年7月颁布的《幼儿园教育指导纲要(试行)》(以下简称《纲要》)为中国幼教体系的构建提供了坚实的基础。[①] 这份文件不仅为我国学前教育的全面发展提供了明确的方针，还在教师教育观念上起到了导向作用。《纲要》主要包含四个板块：总则、教育内容与要求、组织与实施以及教育评价。

一、总则的逻辑结构

总则第一部分阐释了《纲要》的立项背景和目标导向，第二部分主要说明了幼儿园教育的本质和使命，第三部分介绍了教育的外部准则，第四部分则着重描述了幼儿园教育活动的内在原则，第五部分强调尊重儿童的人格和权利。

二、教育内容与要求

首先，幼儿园教育涵盖健康、语言、社会、科学与艺术五大领域，且这些领域并不孤立存在，彼此之间交互融合。

其次，每个领域都细分为目标、内容与要求以及指导重点。“目标”部分主要反映了每个领域的核心目标和价值观，特别强调了情感、兴趣、态度和个性等多维价值观，以培育幼儿终身学习

---

① 中华人民共和国教育部．《幼儿园教育指导纲要(试行)》(教基〔2001〕20号)[Z]. 2001-08-01.

的习惯。

在“内容与要求”方面，主要解答了教师“应该做什么”与“如何操作”。《纲要》秉持基础教育改革的理念，提倡幼儿主动学习，也因此变革了传统的教学模式。教师应关注设计与幼儿实际相符的活动，营造有益的学习环境，并从幼儿的日常生活中挖掘可用于教学的素材。

三、指导要点

第一，应创造健康、丰富的环境。幼儿园应为幼儿提供健康、丰富的生活和活动环境，满足他们多方面发展的需要。这包括良好的物质环境和精神环境。物质环境方面，应为幼儿提供安全、卫生、富有教育意义的环境，包括游戏设施、教学设备、图书资料。精神环境方面，应营造关爱、平等、和谐的气氛，鼓励幼儿探索和创造。

第二，应培养幼儿良好的行为习惯。幼儿园教育应注重培养幼儿好的行为习惯，包括生活卫生习惯、文明礼貌习惯、学习习惯等。教师应通过日常教育和引导，帮助幼儿形成良好的行为习惯，为其未来的成长打下坚实的基础。

第三，要促进幼儿的智力发展。幼儿园教育应关注幼儿的智力发展，通过各种教育活动激发幼儿的探索欲望和创新精神。教师应引导幼儿主动参与各种认知活动，鼓励他们发现问题、解决问题，培养其初步的思维能力和创造力。

第四，要提高幼儿的语言表达能力、社交能力。语言是交流和思维的工具。幼儿园教育应注重提高幼儿的语言表达能力，鼓励幼儿大胆表达自己的想法和感受。幼儿园教育应培养幼儿的社交能力，鼓励幼儿积极参加集体活动，学习与人分享、合作、关心他人等社交能力，养成良好品质。

第五，幼儿园还要增强幼儿的体质，培养幼儿的健康意识，激发幼儿的创造力和想象力，培养幼儿的音乐素养和审美能力，培养幼儿的卫生习惯和自我保护能力，促进幼儿情感、态度、价值观的健康发展。

四、组织与实施

本部分以十一项条款展现，其核心思想是尊重——尊重孩子的权益、教师的创新，以及孩子们在学习特质、成长阶段和个性等方面的差异性。同时，也强调了教育活动应具备的教育性、主动性、开放性、具体性和灵活性等几个基础原则。

五、教育评价

《纲要》在教育评价方面的核心原则是促进孩子的全面发展。所有的目标、内容、组织和评估工作都围绕着培养孩子终身学习的能力和动力进行，以确保教育活动不仅满足孩子当前的需求，还有助于他们未来的全面发展。

第二节 《3—6 岁儿童学习与发展指南》解读

2012 年 10 月，教育部发布了《3—6 岁儿童学习与发展指南》（以下简称《指南》），强调要珍视儿童时期的独特性，认可幼儿的学习方式及其个性差异，重视幼儿学习的品质，倡导以儿童为中心的教育观。①

一、《指南》研制的背景

为实施《国家中长期教育改革和发展规划纲要（2010—2020年）》和国务院《关于当前发展学前教育的若干意见》，指导幼儿园和家庭采取科学的育儿方法，促进幼儿全面发展，教育部于 2012 年 10 月 9 日发布了《指南》。根据 3—6 岁儿童成长规律和学习特点，《指南》制定了一系列科学、明确、具体的教育目标和建议，提出了儿童教育的方向和质量标准，设定了幼儿学习与成长的合理预期目标。

二、《指南》的结构和内容

《指南》包含说明和主要内容两个部分。说明部分简明扼要地解释了《指南》的编写背景、目的旨趣、框架构成及实施原则。主要内容部分则围绕健康、语言、社会、科学、艺术五大领域展

① 邓晖．教育部发布《3—6 岁儿童学习与发展指南》[J]．基础教育论坛，2012(29)：7.

开。这五大领域的确立，不仅立足于幼儿成长的基本需求，还与《纲要》保持一致，方便教师操作，避免在实践中出现混乱。在确定结构时，也分析比较了美英德等其他国家的实践经验。如图1.1所示：

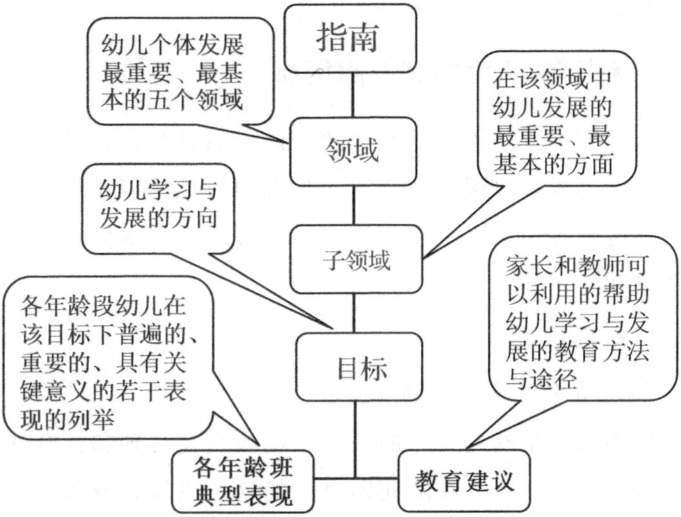

图 1.1 《3—6 岁儿童学习与发展指南》的结构

三、《指南》的实施原则

关注幼儿的全面成长：要认识到幼儿的“学习”与“成长”是紧密相连的，各成长领域和目标构成一个有机整体。

尊重个体差异：每个幼儿的成长速度和节奏都有差异，应该理解并尊重这些差异，避免采用“一刀切”的标准。

理解成长规律和学习规律：幼儿的学习基于其直接经验，在游戏和日常生活中自然发生。应借鉴这种学习方式，提供丰富的教育资源，合理安排生活，通过实践互动获得经验，满足幼儿的特点，而不是强行灌输和展开机械式训练。

重视学习品质：幼儿在活动中表现出积极的态度和良好的行为，是其终身学习和发展的重要基石。应鼓励幼儿发展好奇心，培养其积极、探索、创新的学习品质。

四、《指南》五大领域要点解析

《指南》详细阐述了幼儿在健康、语言、社会、科学、艺术等领域的学习与成长目标，针对学前教育中常见的问题和误区，提供了实用的教育策略和方法，旨在为家长和教师提供切实可行的教育指导和建议。

（一）健康维度

1. 健康在幼儿成长中的重要性

健康不仅关乎幼儿身体的完好，也涉及其心理和社会适应方面的良好状态。一个人在幼儿期身心的迅速发展以及形成的安全与积极心态，能为其后续的学习打下基础。因此，健壮的体魄、平衡的情感、协调的动作和生活习惯，都是衡量幼儿健康的关键标准。

2. 健康维度的构成与目标

这一维度主要从幼儿的身心状态、动作进展、生活方式三方面来定位学习目标，并为幼儿不同年龄阶段制定了具体目标（见表 1.1）。一项覆盖上海 10 个区县、涉及 7347 名 3—6 岁儿童的调研发现，很多幼儿园活动偏向轻松、低风险，导致这些儿童部分关键动作技能在某些年龄段不如预期。深入探究，幼儿园的课桌式学习和户外活动时间减少可能是主因。在中国，过度保护孩子以防其受伤的情况影响了孩子的体育活动。《指南》强调，虽需保护幼儿，但过度干涉会影响其独立性。

表 1.1　健康领域目标结构框架[①]

子领域	身心状况	动作发展	生活习惯与生活能力
具体目标	1. 具有健康的体态 2. 情绪安定愉快 3. 具有一定的适应能力	1. 具有一定的平衡能力，动作协调、灵敏 2. 具有一定的力量和耐力 3. 手的动作灵活协调	1. 具有良好的生活与卫生习惯 2. 具有基本的生活自理能力 3. 具备基本的安全知识和自我保护能力

(二)语言维度

1. 语言在幼儿成长中的角色

语言是交流与思维的工具。幼儿期是一个人语言发展，特别是口语发展的重要时期。它不仅是各领域学习的通道，还能助力幼儿发展人际交往能力和组织思维能力等。

2. 语言维度的构成与目标

《指南》为 3—6 岁儿童的语言能力制定了明确的目标。这些目标旨在培养幼儿的口头和书面语言能力(见表 1.2)。

表 1.2　语言领域目标结构框架

子领域	倾听与表达	阅读与书写准备
具体目标	1. 认真听并能听懂常用语言 2. 愿意讲话并能清楚地表达 3. 具有文明的语言习惯	1. 喜欢听故事，看图书 2. 具有初步的阅读理解能力 3. 具有书面表达的愿望和初步技能

① 李季湄，冯晓霞.《3—6 岁儿童学习与发展指南》解读[M]. 北京：人民教育出版社，2013.

（三）社会维度

1. 社会在幼儿成长中的意义

《指南》认为，社会领域的学习与发展有助于塑造幼儿健全的人格，有助于其社会性不断完善。它不仅教导孩子如何与他人和睦相处，还教导他们如何看待自己、对待他人，如何适应社会。

2. 社会维度的构成与目标

这一维度分为人际关系和社会适应两个子维度。内容涉及交往态度、自我与他人的认知以及与群体的关系等（见表 1.3）。

表 1.3　社会领域目标结构框架

子领域	人际交往	社会适应
具体目标	1. 愿意与人交往 2. 能与同伴友好相处 3. 具有自尊、自信、自主的表现 4. 关心尊重他人	1. 喜欢并适应群体生活 2. 遵守基本的行为规范 3. 具有初步的归属感

（四）科学维度

1. 科学教育在幼儿成长中的作用

科学教育使幼儿在探索具体事物和解决问题的过程中发现事物间的异同和联系，这不仅丰富了他们的感性体验，也培养了他们的逻辑思维。

2. 科学维度的构成与目标

此维度被划分为科学探究和数学认知两部分，每部分都有明确的学习目标（见表 1.4）。

表 1.4　科学领域目标结构框架

子领域	科学探究	数学认知
具体目标	1. 亲近自然，喜欢探究 2. 具有初步的探究能力 3. 在探究中认识周围事物和现象	1. 初步感知生活中数学的有用和有趣 2. 感知和理解数、量及数量关系 3. 感知形状与空间关系

(五)艺术维度

1. 艺术教育在幼儿成长中的关键作用

艺术，作为表达美和情感的方式，能够通过感官刺激来培养幼儿的情感和审美。

2. 艺术维度的构成与目标

艺术维度包括音乐、绘画、戏剧和舞蹈等多种形式。《指南》为每种艺术形式都设定了不同的学习目标(见表 1.5)。

表 1.5　艺术领域目标结构框架

子领域	感受与欣赏	表现与创造
具体目标	1. 喜欢自然界与生活中美的事物 2. 喜欢欣赏多种多样的艺术形式和作品	1. 喜欢进行艺术活动并大胆表述 2. 具有初步的艺术表现与创造能力

《指南》为幼儿园的教育实践提供了全面的指导，强调了平衡发展的重要性。通过这五个维度的学习，幼儿不仅能在各个方面得到发展，还能为将来的学习和生活奠定基础。

第三节 《幼儿园保育教育质量评估指南》解读

教育部于2022年2月10日发布了《幼儿园保育教育质量评估指南》(以下简称《评估指南》),目的是促进全国各地区建立幼儿园教育质量评估体系。

一、总体要求

(一)指导思想

《评估指南》在习近平新时代中国特色社会主义思想的指导下,致力于落实党的教育方针,落实立德树人的基本使命,遵循幼儿成长的自然规律和教育原则。目标是优化以儿童全面健康发展为核心的学前教育评估体系,修正不合理的评估方式,强化评估结果的应用,注重提升评估的质量,从而全面提升学前教育质量,为社会培养全面发展的建设者和继承者打下坚实的基础。①

(二)基本原则

1. 坚持正确方向

我们必须坚持社会主义教育的方向,践行党的育人原则和国家的育才使命,坚定科学的判断依据,努力构建合理的教育体系,全面提高教育的质量和水平。

---

① 中华人民共和国教育部.《幼儿园保育教育质量评估指南》(教基〔2022〕1号)[Z]. 2022-02-10

2. 坚持以儿童为本

要充分考虑幼儿的年龄特征和发展需要，重视幼儿成长的全面性和连贯性，实行教与学相结合，通过游戏等基本活动促进幼儿的全面健康成长。

3. 坚持科学评估

要执行科学的评估标准，要评估完善内容和方法，聚焦评估的核心内容，创新评估手段，有效改变过分强调结果而不重视过程、过分关注劳力而轻视软实力(财务管理、教学设置、环境整治)以及过度关注外部评价而不重视自我评价的现状。

4. 坚持以评促建

通过评估推动优质教育。充分利用评估的引导性和激励作用，注重评估的过程性和发展性，引导各幼儿园向优质、安全的方向发展。

二、评估内容

评估重点放在促进幼儿全面发展、聚焦幼儿园保育教育的过程质量。主要评估领域包括办园方向、保育与安全、教学过程、环境创设、教师队伍等 5 个大项，专题涉及 15 个关键指标和 48 个具体考查要点。

(一)办园方向

包括党的工作、品德启蒙及科学理念 3 项关键指标，旨在确保幼儿园全面落实党的教育路线，实现立德树人的根本要求，强化党的作用，培育科学的教育理念，并坚持正确的教育方向。

(二)保育与安全

包括卫生保健、生活照料、安全防护 3 项重点内容，以加强幼儿园在食品营养、疾病预防、健康检查等方面的工作，建立合理的生活常规，强化医护保健人员配备、安全保障和制度落实，为幼儿提供良好的生活条件和安全环境。

(三)教育过程

重点是课程实施、教学方法、评价反馈等。通过认可的课程设置、灵活的教学手段、合理的评价体系，激发幼儿的学习兴趣，满足幼儿的发展需要，促进幼儿的发展，让幼儿在认知、情感、身体等多方面得到全面发展。

(四)环境创设

包括场所设施、教学资源等方面。幼儿园需要提供丰富多样的学习材料，创造舒适、美观、安全的学习环境，激发幼儿的探索兴趣，促进其身体健康发展。

(五)教师队伍

教师是教育的主体，其素质和能力直接影响继续教育的教育质量。幼儿园应关注教师的专业素养、道德操守、健康状态等，旨在建设高素质的专业师资队伍，不断提升教学质量和教育水平。

三、评估方式

评估方法包括：资料审查、实地考察、问卷调查、座谈交流等。评估流程一般包括：前期准备、实地评估、结果汇总、反馈和建议等阶段。评估应注重定量与定性相结合。

(一)注重过程评估

过程评价着重于监测保教活动的质量和幼儿园在提高教学质量上的努力与进展。需要强调的是，明确禁止通过直接测试幼儿能力和成长水平来评定幼儿园的教育质量。

(二)强化自我评估

幼儿园需要构建一个常态的自我评价体系，并且鼓励教职员工的积极参与。可以通过团队自我分析，审视教育实践，提出改进建议，并有效利用外部评价的导向作用，对幼儿园进行有目的的指导，从而不断完善自我评价和教育教学工作。

(三)聚焦班级观察

班级观察是幼儿园保教质量评价的国际通行做法。幼儿园应专注于班级观察，实施至少半天的连续观察，洞察教师与幼儿之间的互动模式，准确评估教师在促进幼儿学习和成长中的贡献与支持，全方位、客观、真实地掌握教育教学的过程及其质量。外部评价的班级观察应随机进行，确保覆盖至少三分之一的不同年龄组班级。

四、组织实施

(一)加强组织领导

地方各级政府应高度重视幼儿园的教育质量评估，把它作为推动高质量学前教育和满足人民教育需求的关键步骤，纳入教育评估改革的核心议程，构建由党委领导、政府教育监督部门主导、多部门协作、多方参与的执行体系。各省(区、市)应结合当地情况，细化评估标准，编制指导手册，提高评估的实操性，保证评估工作的有效开展。应将幼儿园教育质量评估与地方政府的教育责任评价、学前教育普及与优惠监督评估、园所管理行为监督评估等工作整合，避免评估重叠，真正减轻基层幼儿园的负担。

（二）明确评估周期

幼儿园每学期需进行一次自评，教育部门应加强指导。县级监督评估根据实际工作需求，原则上每 3—5 年为一个周期，确保每个周期内所有幼儿园都能得到覆盖。

（三）强化评估保障

各级地方政府应确保为幼儿园教育质量评估提供必要的资金支持，支援相关评估研究。要着力强化评估团队建设，组建一个尊重学前教育特性、熟悉幼儿教育实务、具有强烈事业心和责任感、相对稳定的专业评估队伍。评估人员主要包括督导员、学前教育行政人员、教研人员、园长和资深教师等，同时还需加强其专业培训。要强化《指南》的学习和培训，鼓励园长、教师利用《指南》进行自我反思和改进，以不断提升幼儿园的教育教学质量。

（四）注重激励引导

各级地方政府应将幼儿园教育质量评估结果作为表彰、奖励、政策支持、资源分配、园长考核以及民办园年度审核、普惠性民办园认证支持等决策的重要依据。对于职责不清、违反政策、忽视幼儿成长需求、教育质量持续下降的幼儿园，应及时督促其整改，并依照相关规定追究相应责任。教育质量评估能有效促使地方政府积极履行教育职责，创造有利的政策条件和环境。

（五）营造良好氛围

各级地方政府应广泛宣传国家的学前教育改革政策，深入阐释幼儿园教育质量评估的重要性、基本要求和评估指标，认真总结和推广先进的评估经验，充分发挥示范作用，积极开展国际交流和合作，为办好高质量学前教育营造良好的氛围。

第四节　《幼儿园工作规程》解读

2016年1月5日，中华人民共和国教育部发布了《幼儿园工作规程》(以下简称《规程》)的修订稿，《规程》自2016年3月1日起正式实施。同时1996年3月9日原国家教育委员会令第25号发布的《幼儿园工作规程》予以废止。①

一、修订的原因

《规程》(1996年版)作为国内首份旨在规范幼儿教育管理的正式文件，一直是基础教育领域的指导性文件。多年来，它在加强各级各类幼儿园的标准化管理方面起到了关键作用。然而，随着社会经济的快速发展和学前教育改革的深入，尤其是在《教育规划纲要》发布后，我国学前教育事业得到了空前发展，幼儿园数量从2009年的13.8万增至2014年的21万，全国学前三年毛入园率达到了70.5%。在这种大背景下，《规程》的修订显得尤为重要。

第一，为适应新时期实际需要，加强学前教育的标准化管理，修订《规程》成为必要。市场经济的发展和经济体制的改革意味着幼儿园的运营模式也从传统的公办主导转变为多元化的办园模式，民办幼儿园数量激增，已超过总数的2/3。这就需要教育管理部门从传统的业务指导转变为全面监管，不断健全管理体

---

① 中华人民共和国教育部令第39号.《幼儿园工作规程》[Z]. 2016-03-01.

系，加强制度执行力度。

第二，推动幼儿园管理的规范化、科学化是修订《规程》的重要目标。由于教育资源不足，许多幼儿园在运营条件、安全卫生、教学品质、教职员工管理等方面还存在不少问题。这就迫切需要通过完善的规章制度来加强标准化管理，以确保幼儿园合法、合规运营。

第三，修订《规程》也是实现依法治教的必然要求。此前，相关部门制定了许多新的规定，要求幼儿园进行规范管理。作为学前教育的重要规章，根据新的形势和要求，《规程》需要进行调整和修订，以推动学前教育治理体系和治理能力的现代化，实现学前教育的健康持续发展。

二、修订工作的开展

为了有针对性地解决全国幼儿园普遍存在的问题，规范幼儿园的管理，在修订《规程》的过程中，编委会进行了以下三方面的工作：

一是深入基层调研。组织专家到东、中、西部经济发展各异的地区调研，全面总结《规程》的实施经验，梳理幼儿园管理面对的新挑战和新问题。此外，在北京等 8 个省市，召开了 16 场专题讨论会，并通过问卷、访谈等多种方式收集意见和建议。

二是开展国际比较研究。编写者参考了美国、英国、新加坡等国家的相关法规和标准，结合我国的实际情况，吸收国际先进经验，制定出适合我国的规范和标准。

三是组织专家论证和公众参与。组织多次专家评审会，广泛听取来自学术界、管理部门、幼儿园和家长等各方面的意见和建议，通过网络及其他媒体等途径公开征求意见，确保《规程》的科学性和广泛的社会认同。

三、修订的重点内容

(一)坚持立德树人

明确幼儿园应承担起德育的主体责任，系统开展德育活动，全面培养幼儿的社会责任感和公民意识。

(二)强化安全管理

加大对幼儿园安全管理的要求，明确安全责任，强化日常安全检查，规范突发事件的应对流程，确保幼儿的生命安全。

(三)规范办园行为

对幼儿园的办园资质、教职工的资格认证、收费标准、后勤保障等方面提出了更为严格的规范要求。

(四)强调以幼儿为中心的教学理念，提倡家园合作，促进幼儿全面发展

一方面是做好与现行法律政策规定的衔接。如：近年下发的《纲要》《指南》对幼儿园的教育目标、内容、教育活动组织等提出了清晰而具体的要求，修订《规程》时将这些方面的要求改为一些原则性规定；于 2010 年发布的《托儿所幼儿园卫生保健管理办法》对幼儿园卫生保健工作提出了很多新要求，《规程》与之做了相应衔接；根据新颁布的《反家庭暴力法》，增加了幼儿园应当进行反家庭暴力教育和发现家暴情况及时报案的规定。另一方面，《教育法》《民办教育促进法》《语言文字法》等法律法规对幼儿园一些具体办学行为做了明确规定，《规程》不再重复提出要求。此

外，还应完善幼儿园内部管理机制。要求幼儿园进一步加强科学民主管理，强化了家长委员会的职能作用，家长委员会应参与幼儿园重要决策和事关幼儿切身利益事项的管理。强调幼儿园应当建立教研制度，加强教育教学研究，研究解决教师在保教工作中遇到的实际问题。

四、贯彻落实

《规程》修订后，各类幼儿园应采取以下措施确保其有效实施：

(一)发布实施指南

制定详细的《幼儿园工作规程实施指南》，便于实操。

(二)培训教职员工

组织系列培训活动，提高幼儿园教职员工对新《规程》的理解和实施能力。

(三)强化监督检查

建立常态化的监督检查机制，对幼儿园的各项工作进行定期评估和检查。

(四)建立反馈机制

设立专门的投诉平台，接受社会公众对幼儿园工作的意见和建议，及时调整和完善《规程》的实施。

综上所述，《规程》的修订，旨在进一步规范幼儿园管理，提高教育教学质量，确保幼儿的健康成长，希望通过各方的共同努力，推动我国学前教育事业取得更大的进步。

第五节　《幼儿园教师专业标准(试行)》解读

为落实《纲要》，推动教师职业成长，打造优秀的幼教团队，2011 年 12 月，教育部发布了《幼儿园教师专业标准(试行)》征求意见稿，并在 2012 年正式推出了相应的〔2012〕1 号文件，简称《专业标准》。①

幼儿园教师作为承担教育任务的专职人员，对职业培训和道德修养都应十分重视。幼儿教师应具备扎实的专业知识和技巧。《专业标准》明确了国家对幼教人员专业素养的基础期望，规范了保教活动准则，指导教师的专业发展，并成为教师培训、资格认证、考核等领域的关键参考。

一、《专业标准》的基本理念

《专业标准》的基本理念是：强调师德、重视幼儿、关注能力和提倡终身学习。

(一)师德为先

幼儿教师需热爱学前教育，拥有职业理想，践行社会主义核心价值观，履行教师职业道德规范，合法教学。幼儿教师应关爱学生，尊重其个性，富有爱心、责任心、耐心和细心，成为孩子成长道路上的引导者。

---

① 中华人民共和国教育部．《幼儿园教师专业标准(试行)》(教师〔2012〕1 号)[Z]. 2012-09-13.

（二）幼儿为本

幼儿教师应尊重儿童权益，以儿童为教育核心，以“幼儿为本”，激发他们的积极性，遵循儿童发展的自然规律，提供合宜的教育，确保儿童快乐健康地成长。

（三）能力为重

《专业标准》将学前教育理论与保教实践结合，强调实践能力，在了解儿童的基础上，提升保教工作的专业水准，通过实践—反思—再实践—再反思的循环，不断完善和提高自身的专业能力。

（四）终身学习

教师应学习先进的教育理论，了解国内外教改经验，优化知识体系，提升自身文化修养，具备终身学习和持续发展的意识，成为终身学习的楷模。

二、《专业标准》的指导思想

《专业标准》集多方智慧，是专家、管理者、教育机构和一线教职人员共同努力的成果。其制定过程旨在体现以下思想：

（一）专业导向，重视师德为先

强调幼教人员不仅要具备专业能力，还需拥有高尚的职业道德和专业知识技能。为此，《专业标准》设立了严格的道德要求和明确的职业发展方向。

（二）基本规范，前瞻引领

《专业标准》为幼教人员定义了必备的专业素养和活动准则，同时展望未来，为教师的职业成长提供指导。

(三)全面要求，突出重点

《专业标准》涵盖教育理念、师德、专业知识和能力等多个方面，特别强调道德和专业理念的重要性。

(四)共同准则，体现独特

《专业标准》不仅反映了教师职业的普遍要求，还考虑了幼儿的特点，强调教师的个性发展，鼓励教师创新与个性化教学。

(五)立足国情，国际视野

《专业标准》的推出，旨在通过专业标准的引导和规范，提升幼儿教育的质量，加强师资队伍建设，促进幼教行业的持续健康发展。

三、《专业标准》的实施建议

第一，所有教育行政部门应把《专业标准》视为幼儿园教师队伍构建的根本参考。

针对学前教育改革的进程，幼儿园应最大限度地利用《专业标准》的引导力和方向性，深化教师教育改革，建立教师教育质量保障体系，持续优化幼儿园教师的教育和培训质量。建立幼儿园教师的入职标准，严格管理教师的录用程序；构建包括教师聘用、评估及离职在内的完整的管理体系，确保教师权益得到法律保护，打造既科学又高效的幼儿园教师管理与监督框架。

第二，负责幼儿园教师教育的学校需要把《专业标准》作为教师培育和训练的关键参考。

关注幼儿园教师的职业特性，强化学前教育学科和专业的发展。提升教师教育和训练计划的完整性，通过科学的方式整合教师教育课程，更新教育和教学方法；加大对幼儿园教师职业道德的教育力度，重视实地操作和教学实习的经验；加强教师教育专职队伍的构建，建立起科学的教育质量评估模式。

第三，幼儿园必须以《专业标准》为教师管理的核心准则。

幼儿园应创建幼儿园教师的职业成长计划，强调教师的职业理想和道德教育，提升教师的教育责任感；实施园内教育研讨，推动教师专业成长；完善教师职责和评审标准，构建幼儿园的业绩评估体系。

第四，幼儿园教师需将《专业标准》视为个人职业成长的基石。

幼儿园教师应拟定个人职业发展计划，展现对工作的热爱和敬意，增强自我驱动的专业成长意识；勇于实践教育教学活动，不断追求创新；积极自评，主动寻求教师培训和独立研讨的机会，以期逐步提高自身的专业技能水平。

第二章

树立正确的儿童观、教育观，提高个人修养

第一节　坚持保教结合

确保保与教的融合，并在幼儿园内所有教育活动中实施，是保教管理的根本职责。教育者对儿童的理解、教育观点的形成，以及管理者的办园方针和理念，都是通过保教人员与幼儿的互动体现出来的。《规程》与《条例》都不断强调保与教相结合的重要性，明确指出“幼儿园应遵循教育与保育并重的方针，创设一个与儿童的成长及其发展相协调的和谐氛围”“推动儿童身心的协调发展”。这进一步说明保与教的结合是幼儿园教育的基础原则。幼儿园的教职工和管理人员必须深入理解保与教相结合的意义，并在日常工作中落实这一原则。这是实现优质保教管理的关键。

一、幼儿园保育

幼儿园的保育指的是为 3—6 岁儿童提供成长和发展所需的环境和条件，同时给予他们细致的照料和引导，帮助他们达到良好的生长发育状态，并逐渐增强自主生活的技能。这种保育涵盖了对儿童身心的关爱以及对儿童心理能力的维护和提升。

二、幼儿园教育

幼儿园教育是指教师通过各种形式，有目标、有计划地引导儿童进行生动、积极、主动的活动。教育的重点是培养儿童良好的生活习惯和态度，发展他们的认知技能，并引导他们学习基本的知识和技巧。保育和教育共同构成了幼儿园教育的完整内容。

三、保教结合

保育与教育是相辅相成、相互融合的。幼儿园的保育和教育虽各有重点，但并非完全独立。教育活动中融入了保育元素，保育过程同样也融合了教育内容。保与教是在相同的过程中同步进行的，它们不是孤立的，而是在统一的教育目标下，同步推进的。[①]

四、幼儿园保教结合的必要性

(一)有关文件的规定

《条例》第十三条规定："幼儿园应当贯彻保育与教育相结合的原则。"《规程》规定幼儿园的任务是：实施保育与教育相结合的原则，对幼儿实施德、智、体、美、劳诸方面全面发展的教育，促进其身心和谐发展。

(二)幼儿园机构的性质决定

幼儿园是专为三岁以上学前儿童提供保育和教育的场所，幼儿园教育是基础教育的组成部分，也是学校教育体系的起始阶段。

(三)幼儿园教育对象的年龄特点

3—6 岁的儿童正处于快速成长期，他们在各方面的发展是相互依赖、协调一致的。任何一方面的不足都可能对其他方面产生

① 程茜．基于保教结合的幼儿园保育质量评价研究[J]．教师，2022(30)：75—77.

影响。只有实现保教并重，儿童的身心成长才能得到保障。

五、幼儿园保教结合的具体要求

幼儿园在实施保与教结合时，需要遵循以下具体原则。第一，幼儿园应提供适宜的物质环境，这是保与教成功融合的基础。第二，良好的精神环境是儿童心理健康成长的关键。教职工的情绪和素质、丰富多彩的幼儿园生活、正确的教育方法是塑造这一环境的重要因素。第三，保育和教育应融入幼儿园所有活动，保与教的目标应在统一的过程中同步实现，确保教育和保育的无缝对接。第四，幼儿教师和保育员在保与教过程中应保持协作，教师需指导并协助保育员做好本班儿童的生活管理和卫生保健工作。

第二节　以游戏为基本活动

游戏在幼儿的日常生活中占据重要位置，它不仅是幼儿天性中对运动渴望的一种体现，也是他们探索成人世界的方式。孩子们通过各种角色扮演，如扮演父母或多种职业角色，满足他们对成人世界的好奇和参与欲。尽管他们缺乏足够的生活经验和能力，无法直接融入成人的活动，但通过这些游戏，他们在心理上能获得巨大的满足。因此，可以说游戏是幼儿生活中不可或缺的一部分，它引导着幼儿的日常活动。

一、幼儿游戏的作用

实际上，游戏不仅丰富了幼儿的生活体验，更是幼儿全面发展的催化剂。

游戏满足了孩子们活动的天性，有助于其身心的健康成长。通过不间断的身体运动和积极参与，幼儿的身体协调能力、血液循环和呼吸系统能得到加强，这有益于其神经系统的健全发展。

游戏激发了孩子们的想象力和创造力，通过各种实践活动，他们的动手能力和思维能力均能得到提高。同时，游戏中语言交流的必要性也促进了幼儿语言能力的发展。

在游戏中，孩子们学习并遵循规则，和小伙伴和睦相处，学会了关心和理解他人。这不仅培养了他们的社交能力，也让他们从小就树立了良好的道德观念。

丰富多彩的游戏活动，如角色扮演和艺术创造，培养了幼儿的审美情趣，对其审美能力的形成产生了积极影响。

二、教师在组织和指导游戏时存在的问题和注意事项

教师在组织和指导幼儿游戏时，要注意以下要点：

(一)幼儿是游戏活动的主体，要给予其自主选择的机会

教育理念塑造行为模式，若缺乏正确的教育观，行为可能会产生偏差。实际上，某些幼儿园的许多活动都是以成人的预设为准绳，过分强调目标的先行性，然后依此设计活动流程，其中包括各式各样的游戏活动。这种目的明确的设计往往忽略了教育的实际效果，导致教育目标与实际过程的脱节。因此，在组织幼儿自选活动时，幼儿教师应让他们自行决定游戏的主题，自由选择伙伴和玩具，按照他们自己的兴趣进行游戏。这样的自主游戏过程有助于培养幼儿的团队合作精神和创新能力，并让他们在每个环节中都体验到成功的快乐。[①]

(二)幼儿进行游戏时，教师应注意观察，适当介入

在游戏中，教师应确保幼儿成为活动的真正领导者，允许他们自主控制游戏的进程和方式。教师的引导需要深入理解幼儿的想法，而非随意打断或主导他们的游戏。例如，游戏中的玩具和材料应根据儿童的兴趣提供；冲突和分歧应通过幼儿自身的方式解决；游戏规则应基于幼儿的需要而非强加。教师应放手让幼儿根据自己的意愿选择游戏的细节，充分发挥他们的创造力和积极性。这是幼儿游戏教学的关键所在。

---

① 舒慧，费广洪，谷晴晴．教师在游戏前对幼儿进行指导的质性研究[J]．中国教师，2020（05）：78—81.

(三)游戏与幼儿园一日生活的整合

游戏，作为幼儿主动参与的学习方式，不仅能促进幼儿各学科领域的学习，还能自然地整合幼儿园的各项课程内容。从幼儿游戏的开始到结束，游戏的内在价值和教育意义都应贯穿其中，表现在日常细节的每个方面。比如，遵守规则——不在走廊和教室奔跑，学会排队；培养习惯——学会礼貌用语；审美教育——在进行创作和自由活动时能欣赏优美的音乐；决策能力的培养——如何行动才能获得同伴和老师的喜爱；社交技巧——在游戏中学会合作和分享；自信和成就感的建立——独立完成任务，如整理玩具等。幼儿园教育应将游戏这一内驱力极强的活动形式，作为整合一日生活的工具，通过这种整合突出教育的内在价值，从而真正做到“游戏是幼儿园教育的核心”，为孩子未来的成长打下坚实基础。

第三节　关爱幼儿，尊重幼儿人格

幼儿阶段对于一个人的身体成长、智力提升和心理成熟具有决定性影响，因此，教师不仅要拥有良好的身心状态和完善的人格特质，还需掌握专业技巧，并对幼儿持有尊重和爱护之心。基于上述几点，教师需要不断强化自身的专业观念和师德修养。①

一、认识幼儿的年龄特点，尊重幼儿权利

幼儿因其所处的发展阶段，其学习方式与中小学生截然不同。他们通过实际操作和亲身体验来获取知识，而非单纯依赖教师的知识传授。因此，在教学活动中，教师应深入了解幼儿的身心发展状况，设计出既不过高也不过低，切实可行的教学目标和课程，让幼儿在参与中感受到成就感，激发他们的学习积极性，这样才有利于他们的成长。尊重幼儿的权利，包括尊重幼儿的生存权、受教育权、发展权等。

二、尊重幼儿人格，平等对待幼儿

幼儿园教师的职业规范强调，“教师应当尊重每个幼儿的独立人格，保障他们的合法权益，公平地对待所有幼儿，并避免任何形式的讥讽、轻蔑、歧视或体罚”。作为孩子心智成长的引路

① 王亚娟．对《幼儿园教师专业标准(试行)》(征求意见稿)中若干问题的探讨[J].河南教育学院学报(哲学社会科学版)，2012，31(04)：60—62.

人，幼儿教师要树立正确的价值观，公正地对待每一位幼儿，引导他们正确地认知世界，确保每个孩子都能在健康和快乐中成长。

三、尊重幼儿的个体差异

我们需要尊重幼儿在学习和发展上的个体差异。每个幼儿在学习方法和发展速度上都有所不同，他们在不同领域的表现也大相径庭。特别是在低龄阶段，个体间的差异更为明显。我们不应强求所有孩子在同一时间达到同一标准，而应允许他们按照各自的节奏和方式发展，避免用统一的标准衡量所有幼儿。

四、维护幼儿的生命安全

教育部颁布的《专业标准》明确指出，教师必须确保幼儿的人身安全。

(一)帮助幼儿识别潜在的安全隐患

通过实际参与，幼儿可以积极主动地运用生活经验，识别可能存在的风险。这种亲身体验能够达到更有效的教育效果。

(二)培养幼儿的风险预防意识

针对幼儿认知和经验的局限性，教师应把握时机，指导他们了解潜在危险可能带来的后果，以增强他们的风险预见性。

(三)提高幼儿应对紧急情况的能力

在日常生活中，教师应该培养幼儿面对突发事件时的应对技巧，鼓励他们如遇到伤害，及时向教师寻求帮助，从而得到及时的救治。

(四)培育安全意识，强化幼儿的自我防护能力

培养遵守规则的意识和自我保护能力是密不可分的。在日常生活中，教师应加强幼儿守规意识的培养，让他们养成良好的行为习惯，为他们未来的安全提供一把“保护伞”。

第四节 关于幼儿教师着装的建议

幼儿教师的示范作用在孩子们的成长过程中具有不可估量的价值。实践胜于语言指导，这是教育中的一条基本原则。幼儿通过感受和模仿教师的言谈举止以及外在形象来学习和成长。教师的每一个细微动作，包括穿着打扮，甚至是发型，都可能影响幼儿，对他们产生潜在的影响。因此，幼儿教师在塑造自身形象时，不仅要关注外表的整洁大方，更需要注意内在素质的提升。在此背景下，幼儿教师在日常工作中应该如何合理地着装呢？下面主要从头发的样式、服饰的搭配、鞋子的选择等方面提出建议。

一、头发样式

幼儿教师的发型应保持整洁自然，不追求非主流的风格，颜色应低调沉稳。短发的教师发色应保持自然的黑色，避免使用引人注目的颜色。研究显示，幼儿对世界充满好奇，他们对颜色的感知通常比成人更敏锐。非传统的发色可能会引起他们的好奇，干扰正常的教学秩序。如果教师留有长发，上班时最好将头发束起，保持整洁、利索的形象，以免影响教学活动。

二、服饰搭配

(一)着装大方、得体，避免穿着奇装异服

教师的着装应体现出活力和亲和力，同时展现出健康的体态。避免穿着过于宽松或设计夸张的服装，否则可能会影响孩子

对教师的印象。过短的裙子、紧身衣物或者过于暴露的装扮都不适合教学场合，因为教师需要时常活动，包括弯腰或蹲下。

(二)避免佩戴挂件首饰

由于幼儿容易被闪亮的物品吸引，教师佩戴太过醒目的首饰可能会分散孩子的注意力。在与幼儿一同进行游戏或身体接触时，首饰还有可能刮伤孩子。

三、鞋子的选择

(一)选择平底鞋，避免穿高跟鞋

鉴于幼儿教师需要长时间站立和活动，穿着舒适的平底鞋或布鞋是明智的选择。这样不仅减少了安全隐患，也有利于教师更好地参与各种活动。

(二)选择运动鞋，轻松又方便

考虑到教师在幼儿园的高强度活动，穿着运动鞋可以让他们感到更加舒适和方便。这也有助于教师与孩子们更好地互动。

综上所述，幼儿教师的着装应遵循以下几个原则：

第一，作为教育者，幼儿教师应树立良好的形象榜样，展现出自然、清新、简洁和大方的美。可以适度化妆，但应避免妆容过分浓艳；可以佩戴低调的首饰，避免工艺过于复杂或款式夸张。

第二，教师需要组织各种室内外活动，因此着装应便于运动，不应因服装限制活动。例如，不宜留长指甲，穿过短的裙子、高跟鞋等。

第三，鉴于幼儿易受外界影响，教师的着装不应过于非主流或与常规审美标准相悖，以免影响教学效果或误导幼儿的审美观。

第五节　幼儿教师应具有健康的心理

幼儿教育工作者的职责，表面看起来似乎十分轻松、简单，没有太多精神负担。然而来自社会、家庭和工作的各种压力依然存在，这些压力直接或间接地影响了幼儿教师的心理健康。因此，幼儿园管理者应重视幼儿教师的心理健康。

一、幼儿教师心理健康的重要性

心理健康是指人的心理，即知、情、意活动的内在关系协调，心理世界应与客观世界保持统一，据此促进人体内、外环境平衡和促进个体与社会环境相适应的状态，并由此不断地发展健全的人格，提高生活质量，保持旺盛的精力和愉快的情绪。

幼儿园是幼儿接受教育、增长知识的场所，是培养幼儿身体素质和心理素质的主阵地。因而幼儿教师的心理健康对幼儿心理健康的发展有着不可忽视的作用。幼儿期是儿童人格构成的关键时期，幼儿的自我认识和自我控制能力比较低，模仿能力比较强。幼儿教师保持心理健康有利于幼儿心理健康的发展。

二、幼儿教师不健康心理的特殊危害性

幼儿教师面对压力时，可能会无意识地释放压力，但这种行为可能给幼儿造成伤害。

幼儿教师心理不健康，受害最大的是幼儿。幼儿处于身心发展的敏感期，他们需要适应全新的社交环境和生活节奏。在此过

程中，教师的心理状态直接影响着幼儿的健康成长。如果教师能够给幼儿提供一个和谐的环境，可以帮助孩子减轻焦虑，顺利过渡。反之，教师的不稳定情绪可能会给幼儿造成长期的心理伤害：教师学习动机不高，会导致幼儿失去学习兴趣，注意力不集中；教师情绪不稳定，会使幼儿容易出现发脾气、争吵等行为；教师缺乏自信，幼儿就可能胆怯、自卑；教师缺乏爱心，幼儿可能出现任性、自私等倾向。

三、提高幼儿教师心理健康的自助水平

为了保护幼儿教师的心理健康，我们需要从他们普遍面临的心理压力入手，探索有效的策略。自我提升是解决心理问题的关键。除了建立有利的工作环境，幼儿教师还需学习管理情绪，提高沟通能力，增强团队合作意识，以及参与各种培训提高个人职业技能。只有这样，幼儿教师才能真正满足幼儿的需要，实现自己的职业目标。同时，学校和社会应提供必要的支持，如心理咨询、健康培训等，以帮助幼儿教师克服职业生涯中的挑战。

(一)提高心理健康的认知水平

幼儿教师需通过多样化的方式，不断丰富和提高自身关于心理健康的专业知识，拓宽认知领域，采用科学的手段分析和处理个人经历与心理变化。同时，幼儿教师需要转变面对心理问题时的观念，理解心理问题是人类在成长过程中由内在追求和外部条件冲突而产生的常态反应，这不是个别人的问题，而是所有人在不同生命阶段都可能遇到的问题，重要的是要学会积极地探索解决方法。此外，幼儿教师还应当有意识地管理自己的情绪释放习惯，尤其是在容易出现心理波动的年龄阶段，如“产后”和“更年

期”，幼儿教师应寻求专业的心理支持，帮助自己保持良好的心理状态[①]。

（二）寻找适当的情绪释放途径

内心的困惑和外部的压力都可能导致心理的不平衡。如果能找到适宜的方式释放内心的不安和压抑，就能更快地恢复到一个健康平衡的状态。倾诉是释放压力的有效途径，有氧运动有助于减轻焦虑，适度的休闲娱乐可以缓解紧张，甚至在极度情绪化的情况下，痛哭和大喊也是减轻心理压力的一种方式。当然，这需要在远离幼儿的场景中进行。幼儿教师需要探索并找到最适合自己的情绪释放方法，积极地维护自己的身心健康状态。

（三）确立健康的自我模式

人格完整性理论指出，心理健康与和谐的自我认知是紧密相关的。个人总在本能地追求内在的满足感，这种追求涵盖了从基本生理需要到个人自我价值的实现。然而，现实条件对个体发展往往只能提供有限的空间，如年龄、职业选择和机遇等都可能成为个人成功的限制因素。一个健康的自我认知，指的是在心理结构中寻找一种通过追求社会认同来满足内在需求，并控制原始欲望以实现与社会的和谐共处的状态。拥有这样的自我认知，不仅可以满足个人的内心欲望，也使个体能够适应社会环境的变化，实现心理的平衡。因此，幼儿教师需要建立一个健康的自我模式，这意味着他们不仅能够准确地理解自己的需求，还能够合理地看待社会对个人的期望和影响，明白自己所追求的是什么，也

① 秦旭芳，闫荣林．幼儿教师心理压力解析——透过 158 名幼儿教师看当前幼儿教师群体发展的障碍[J]．学前教育研究，2007(09)：42－45.

知道如何去实现这些追求；他们了解自己的不足，并知道如何弥补。这种积极的心态能帮助他们不断地调整自身以适应社会要求，从而在面对生活的各种挑战时，能保持一颗平和的心，最终达到心理上的健康状态。

第六节 幼儿教师应坚持终身学习

“终身学习”这一理念起源于20世纪90年代，是联合国教科文组织在终身教育思想基础之上提出的新概念。《专业标准》强调，幼儿教师需展现出持续学习的热情。教师们应该积极地吸收前沿、科学及创新的教育理念，以此来拓宽专业视野，深化对本职工作的理解，并不断提高个人的教学能力。教师在不同的职业发展阶段，所需掌握的学习内容各有差异，因此，对幼儿园教师的专业成长路径应考虑其阶段性的特征。研究显示，教师的成长之路可以划分为四个主要阶段：适应期(1—4年)、探索期(5—9年)、反思期(10—14年)及学者期(15年以上)。每个阶段都有明确的分界点，并呈现出独特的特性，这基于教师职业生涯的自然进程，其专业发展也各有侧重点和任务。

一、适应期教师

适应期涵盖了教师入职后的1—4年。在这个时期，教师们正在逐步熟悉职业角色，努力提升自身的工作能力，同时也处在心理成熟和自我完善的过程中。他们对新思想持开放的态度，积极参与各类学术交流和培训，努力学习如何应对复杂的人际关系，并在工作中表现出活力和求知欲。这个阶段的幼儿教师正试图在职业理想和实际工作之间找到平衡，经历心理和情感的适应过程。他们从最初的紧张到逐步适应岗位，从对工作形式的关注到建立有效的秩序……这些都是此阶段的显著特点。幼儿教师在此阶段需要学会适应幼儿园的运营模式，掌握日常教学任务，解决理想与现实的落差，向经验丰富的同行学习，深入了解工作环境，并融入园所文化，迅速适应其独特的交流方式和行为准则。

二、探索期教师

探索期通常指教师在幼儿园服务5—9年的时段。此阶段的教师已经积累了宝贵的实践经验，不仅可以愉快地完成教学任务，还能准确地理解和分析幼儿的需求，对班级管理也游刃有余。可以说，他们已经步入了一个教学技能日臻成熟、拥有专业自信的阶段。尽管他们已经具备一定的专业能力，但是，仍需不断追求进步，对新的教育知识和方法保持敏锐的兴趣和热忱，持续吸纳新的教育元素来充实自己。加强自我修养和提高团队归属感是探索期幼儿教师的核心任务。实际上，在这一时期，由于各种内外部因素的综合影响，教师的发展路径开始出现分化，个体差异也逐渐显现。其中，部分表现突出的年轻教师可能会崭露头角。相反，如果这一时期的幼儿教师满足现状，缺乏上进心，循规蹈矩，那么在未来的职业道路上，只能裹足不前，因此，处于探索期的教师应保持求知欲和上进心。

三、反思期教师

成为反思期教师的，往往是教育骨干，他们一般具有10—14年的幼教经验。这一阶段的教师，工作热情高涨，对教育职业怀有深厚的爱。这种内在的驱动力激发他们展现出积极主动的职业行为，通过教学成就和荣誉的不断获得，他们能感受到强烈的成就和满足感。处于职业生涯的这个时期，幼儿教师通常满怀热情，渴望成功，努力在教育实践中寻求创新与突破。[①] 一旦感知到职业发展的停滞或倒退，他们会及时调整和优化策略，尝试新的教学方法。他们追求超越基本的教学要求，致力于提升教学质量。在这个专业精进的阶段，这一类幼儿教师会把教育实践作为研究的对象，不断反思、调整教学方法，创造适宜幼儿成长的教学环境，建立和谐的师生关系，同时积极探索教育的新领域。值得指出的是，这也是教师职业转型的关键期，决定性的因素在于教师是否具备强烈的反思能力，并能够及时进行自我反思。实际上，教学中出现困难与矛盾的阶段，正是教师开始深入反思的契机。如果教师能够直面挑战，梳理问题的根源，在理论的指导下积极地寻求解决之道，他们就能够不断地提升教学智慧，并在其中不断地成长。

四、学者期教师

进入学者期的教师，一般拥有 15—25 年的教龄，年龄在 35—50 岁之间，这一时期的长度各不相同。这些教师的共同特点是具备创新精神和个性化的教学风格。他们开始总结和提炼自己多年的教学经验和理论，教研成果丰硕且颇具影响力。在这个阶段，幼儿教师能突破传统，研究具体教育实践，形成独树一帜的教学方法。他们不仅有强烈的创新意识，而且对教育教学有着深刻的理解和独特的见解，在实践中形成了一套完整的教学理论和实践体系。他们积极引领教研活动，能以理论指导实践，探索教育规律，撰写专著，进行学术演讲，指导后进，致力于推广自己

---

① 李希梅．终身学习与幼儿教师职业认同的关系研究[J]．教育观察，2021(40)：87—89.

的教育思想和教学方法。他们的教育实践不仅能带来显著的社会效益，而且能促进教育理论的创新与发展，走出一条不平凡的教育奋斗之路。处于这个阶段的幼儿教师往往能获得高级教师或特级教师的荣誉称号。

需要指出的是，教师的职业发展呈现出连续性特征，每个阶段都有其独特的任务和挑战，各阶段相互联系，其间没有绝对的界限。教师职业的成熟是一个相对的、不断发展的过程，并没有最终的成熟期或顶峰。

教师专业化的发展是一种状态、一种认知，更是一个不断奋斗和不断深化的过程。这个发展过程受多种因素影响。幼儿园应通过关注幼儿教师的教育技巧来促进教师的专业发展，这只是促进教师实现更为满意的职业发展结果的初步探索和尝试。

第三章

幼儿发展的理论和常识

[illegible]

[illegible]

第一节　皮亚杰的学习理论

皮亚杰，瑞士著名的儿童心理学权威及认知科学专家，其贡献的认知成长理论对全球幼教领域的学术研究产生了深刻而广泛的效应。他倡导“革新的儿童教育方式”，强调“活动是儿童学习的关键途径”。

一、认知发展的过程

皮亚杰的理论给幼教工作者带来启示，想要推进认知的成长，关键在于融入实际活动。[①] 在他的理论架构里，“图式”概念至关重要。图式即个体感知、理解及思索世界的模式。它可以被视为心智活动的基础构架或组织方式。图式的建立与转变构成了认知成长的核心。皮亚杰指出，认知成长受三大基础流程的驱动：同化、适应和均衡。

皮亚杰认为，图式的同化、适应和均衡的交互作用，推进了认知活动的成长，而图式正是在同化、适应、均衡的作用下逐渐演进为更高层次的实体。

二、认知发展的阶段

皮亚杰对认知的分期描述具有三大特色：首先，各个阶段的

① 张耀文，钟天隆.《教育科学与儿童心理学》与皮亚杰的教育思想[J]. 教育教学论坛，2018(21)：96—98.

演进顺序是固定的；其次，每个阶段都展现了其独有的认知图式，这些稳定的图式塑造了个体行为的普遍性；最后，认知图式的成长是一个不断构建的连续过程，每个阶段都基于前一阶段并逐步扩展。

(一)感知运动阶段(从出生到约两岁)

此阶段的幼儿主要通过感官和运动来探索周围世界。他们掌握的是图像式的知识，也就是对刺激的直接感知。例如，婴儿看到奶瓶就会自然地做出吮吸的动作。

(二)前运算阶段(2—7 岁)

这一时期，幼儿的认知开始呈现象征(或符号)功能(例如通过语言和各种符号来表示事物)。但他们还未能构建准确的概念，其判断受制于直观的思维方式。例如，只有当两根等长的木棒平行放置时，他们才会认为二者一样长；如果一根稍微移动，他们便认为二者长度有所不同。

(三)具体运算阶段(7—11 岁)

此阶段幼儿能够进行初步的逻辑推理，这种能力涉及一定层次的推断。比如，当我们将一只足球从篮球堆中移到排球堆时，幼儿能理解这仍是同一只足球，它不会因位置变换而改变大小。

(四)形式运算阶段(11 岁左右或更大些)

幼儿此时能够不依赖具体物体进行思考，可以对抽象和符号性的信息进行逻辑推理。

三、认知发展的影响因素

皮亚杰指出，儿童认知成长的主导因素包括：生理成熟、实体环境、社交环境，以及自我调整作用的均衡机制。这些因素是认知成长的必要条件，却非充分条件。

首先，生理成熟指的是生物体的成长，尤其是神经系统和内分泌系统的发育。其次，实体环境指个体与客观世界的互动。由于个体与环境的交互是认知的根源，因此，个体的动作对物体至关重要。此外，影响因素是社交环境，包含了语言、传统、价值观等社会元素。最后，均衡机制是推动认知发展的内在动力。

这些因素相互作用，推动着认知成长。生理成熟提供了基本的生物条件；实体环境通过各种刺激促使认知的发生和发展；社交环境通过传递文化、价值观等社会要素影响认知的内容和方向；而均衡机制则调节着认知的进程，使之向更高层次的均衡状态迈进。

皮亚杰的认知发展理论强调了个体如何通过与环境的互动建构认知，以及认知是如何逐步发展成为成熟思维的。他的理论为我们提供了深入了解幼儿学习和成长的途径，也为教育实践和心理治疗提供了理论基础。通过了解幼儿认知的发展阶段和影响因素，我们可以更好地指导幼儿，帮助他们建立健全的心智模式，进而更有效地适应世界。

第二节 维果茨基的文化历史发展理论和心理发展观

维果茨基是苏联卓越的心理学家，他主要研究儿童发展与教育心理，着重探讨思维和语言、儿童学习与发展的关系问题。维果茨基的主要理论集中于文化历史发展理论与儿童心理发展观。

一、文化历史发展理论

维果茨基深入探讨了人类心理成长的本质，从种族和个体成长的视角出发，构建了历史文化发展理论，旨在阐释人类高阶心理功能的社会历史根源。

（一）两种心理机能：原始功能与高级功能

原始心理功能源自个体作为生物的进化，表现为个体与环境直接互动的基础特质，如基本感知处理和自发的行为；而高级心理功能，作为历史进程的产物，涉及使用符号系统的中介功能，如精细的记忆处理系统。这种高级功能是人类区别于其他生物的关键标志。

（二）高级心理机能的社会起源——心理工具（各种符号系统）

维果茨基强调，语言是最关键的心理工具，它在儿童身上的应用远超社会交流的范畴，它是一种自我指导机制，帮助儿童规划、指挥并监督自己的行为。这种自我指导的语言形式被视为"内部语言"或"私人语言"。在 3—7 岁期间，儿童开始展现从外部语言到内部语言的转变——自言自语。

(三)心理机能的中介机构——历史文化

儿童的认知发展源自社会关系和文化背景。他们的记忆、注意力和推理能力的成长都与学习和应用社会创新密切相关。例如，在不同文化背景下，幼儿学习计算不仅仅是掌握语言和数学系统，还包括如何使用计算机或者是用手指和珠子计数的方法。

二、心理发展观

维果茨基的心理成长观描述了一个人从出生到成人，在环境和教育的塑造下，基于原始心理机能逐步发展为高级心理机能的过程。

(一)由低级心理机能向高级心理机能发展的四个表现

(1)自主功能的逐步提升；

(2)抽象和概括能力的增强；

(3)不同心理功能间的相互转化和重塑，导致以符号为中介的间接心理构造的形成；

(4)心理活动的个性化进程。

(二)儿童心理发展的原因

(1)心理机能的演变源自社会文化历史的进程，并受其规律影响；

(2)从个体成长角度看，通过与成人的互动，幼儿能掌握如语言、符号系统等高阶心理工具，基于原始心理机能形塑了多样的心理机能。

(3)高级心理机能的形成是外在行为持续内化的过程。

三、最近发展区

最近发展区描述的是幼儿当前能力与在适当帮助下所能达到的更高水平之间的差异。维果茨基将个人目前表现出的成长水平称为“实际发展水平”，而幼儿通过学习后展现出的潜能为“潜在发展水平”，最近发展区即两者的差异。鉴于此，我们认识到，教育不仅可以塑造幼儿的成长内容、水平和速率，同时也是最近发展区的塑造者。因为幼儿的这两种水平之间的间隔是不断变化的，它依赖于教学如何辅助幼儿吸收知识，并推动其内化。因此，教育应该专注于学生的最近发展区，将幼儿的潜能转化为实际能力，同时不断营造新的最近发展区。①

四、教学方法

(一)支架教学的概念

成人通过与幼儿的互动，将社会认可的知识传授给幼儿，形成一种“支架”。在教学活动中，构建支架包括六个阶段：启动、示范、任务简化、保持参与度、反馈和挫败感控制。支架教学的目的在于协助处在实际发展阶段的幼儿，使他们跨越最近发展区，最终实现潜在能力的发展。在具体教学中，激励、解释、提示、反馈、演示、启发和指导等都是支架教学的有效手段。

(二)交互式教学模式

该模型要求教师和学生在讨论小组中分别担任领导角色。它

---

① 李玉馨．维果茨基最近发展区理论对我国学前教育的启示[D]．中央民族大学，2013．

主要应用于提升阅读困难幼儿的阅读技能。教师作为讨论的领导者示范朗读。领导者需要提出问题，总结文章大意，预测可能的后续内容，或纠正学生的错误理解。之后，教师可以让幼儿轮流扮演领导者，引导其他幼儿讨论文本。

(三)同伴合作的学习模式

这是一种通过实践、研究和参与互动的方式，鼓励幼儿通过实际操作来发现问题的解决方法。这种教学方法要求幼儿积极参与，反思和解决实际问题，以此来培养他们的自信和解决问题的能力。教师在这一过程中扮演的是引导者和协调者的角色，而不是传统意义上的讲解者。

(四)通过学徒制进行社会指导

维果茨基的教育理论强调儿童认知发展的社会历史背景和心理功能的中介作用，尤其是语言在其中的关键作用。他的理论提出了支架教学、互动式教学和问题解决教学等策略，这些策略都强调幼儿在教学过程中的积极参与和实践，以及教师在指导幼儿认知发展中的作用。通过这些方法，教育不仅能够引导幼儿从原始的心理机能发展到更高级的心理机能，而且能够帮助他们内化社会文化历史中的各种心理工具，从而更好地适应和创造社会。

第三节　埃里克森的心理发展理论

埃里克森是一位著名的美籍德国精神分析学家、社会心理学家和思想家，是精神分析学派的代表人物之一。埃里克森的理论对心理学、社会学和文化研究产生了深远的影响，尤其是对人格发展和精神分析领域的研究有着重要的贡献。他的思想不仅影响了学术界，也影响了社会政策和心理健康实践。

一、心理发展理论的主要观点

爱利克·埃里克森继弗洛伊德后成为精神分析领域的杰出人物。他主张，自我身份的逐步建立在人的成长过程中扮演着关键角色，是个体与环境互动的核心。人类经历生命，都会按照一定的生物、生理、社会事件的序列，分阶段地不断前进。埃里克森将人的成长过程概括为一个由生物和社会因素驱动的演进，既包括自然成熟，也涉及随机事件的影响。在他眼中，人类不仅拥有先天的发展趋势，同时也受到社会和个体需求的引导，是一个融合了教育元素的成熟旅程。

他提出，个体的自我认知是一个终身的进程，可将其分为八个关键阶段。这些阶段的次序固然受遗传影响，但每个阶段是否能顺利通过，则受环境的影响。因此，他的这套理论又被誉为“心理社会发展阶段论”。其中每个阶段都至关重要，不容忽视。

二、对个人成长心理发展阶段的划分

埃里克森将个人的成长划分为八个心理阶段：

(一)婴儿前期：信任——不信任(0—1 岁)

这是一个塑造信任基础以对抗不信任的时期。信任源于婴儿的需求与环境的响应之间的一致性。当婴儿对抚养者建立信任时，他们认为周围的世界是安全的，人们是值得信赖的，这种信任逐渐扩展到对大多数人的信任。如果婴儿感受到的是忽视和冷淡，他们可能会产生对人和环境的恐惧和疑虑，进而影响下一阶段的健康成长。

(二)婴儿后期：自主——羞怯、怀疑(1—3 岁)

此阶段关键在于培育自主感并减少羞愧和怀疑。幼儿在第一阶段高度依赖他人，而在此阶段，他们渴望独立，开始尝试个人行为，如自行穿衣、进食等，并对周围世界充满好奇。如果成人鼓励他们尝试，并赞赏他们的努力，他们的自主感将得到增强；反之，过度保护或严厉批评将导致他们感到羞愧和怀疑。

(三)幼儿期：主动——内疚(3—6 岁)

这个阶段强调发展的主动性并避免内疚感。在此期间，幼儿的肢体协调性和语言能力迅速提高，他们不仅模仿大人，还对周围世界保持好奇。如果大人能够支持他们的好奇心和探索精神，而非压制，幼儿的积极性和探索欲望将得到进一步发展。否则，否定和压制会导致他们感到内疚，认为自己的举动和提问都是错误的。

(四)儿童期：勤奋——自卑(6—12 岁)

此阶段致力于培养勤奋感并抵御自卑感。随着智力的成熟，孩子们的问题变得更深刻，他们开始超越学校的界限，参与更广泛的社交。影响他们的不再仅是父母，同龄人和教师的作用变得更加重要。他们对事物的内部结构、功能和性质充满好奇。成人的支持和赞扬可以增强他们的勤奋感，促使他们对自己的能力和未来充满信心；反之，否定和批评会导致儿童自卑感的产生。

(五)青少年期：自我同一性——角色混乱(12—18 岁)

此阶段的中心议题是形成稳固的自我认同和定义自我角色。青少年开始以新的视角和思维方式审视周围的世界，他们深思熟虑，试图揭开“我是谁”这一谜题。他们通过周围人的反应，通过自己在不同社会角色中的体验，逐步理解自我的真实面貌。他们开始与父母保持距离，解脱依赖，与朋辈建立更深的联系，这帮助他们更好地了解自己，感受到自我的连贯性，认识到自己与他人在外在和性格上的相似之处与差异。他们开始思考自己在社会中现在和未来的角色，这构成了所谓的心理社会认同感。

(六)成年前期：亲密——孤独(18—25 岁)

这一时期主要是构建家庭和社会关系的时刻，关键在于形成亲密关系，避免感受到孤立。亲密不仅仅是人与人之间的密切联系，还涵盖了友情和爱情。亲密关系的社会意义在于个体能与他人分担甘苦、给予彼此关心。在特殊情况下，亲密感会发展为一种相互承担的情感，这种情感是在完成共同任务的经历中形成的。如果个体无法与他人分享生活的起伏，缺乏情感交流，不提供相互的关心和帮助，那么个体将陷入孤独和无助的深渊。

(七)成年中期：创造——停滞(25—60岁)

这个阶段是培养创造力和避免以自我为中心的关键时期。此阶段存在两个发展方向：一个是积极的，除了关注家庭，个人的关心也将延伸到社会和未来几代的福祉，他们在职场上展现出创新性，不仅满足于个人的需求，还追求职业的成就；另一个是消极的，即过分关注自我，只考虑自己和家人的幸福，忽略他人的困境，即便有所创造，也完全是为了个人利益。

(八)成人后期：自我完善——悲观失望(60岁以上)

这个阶段是追求自我实现，避免失望情绪的关键时期。如果一个人之前的生活阶段积极因素多于消极因素，到了晚年，他(她)会形成一种自我实现的感觉，回顾一生，感慨生命的价值，认为生活充满意义；相反，如果消极情绪占据上风，他(她)就会感到失望，为错失的机会和错误的选择而懊悔，想要从头再来却又感觉时光已逝，为此而深感痛苦。这种情绪会导致一种绝望感，使人精神颓废，潦草度日。

三、理论贡献

埃里克森所阐述的人格发展分阶段理论，为各个年龄层次的教学实践提供了坚实的理论支撑和教育方向，强调教育过程中的任何偏差都可能对个体的一生产生深远影响。该理论揭示了个人现状的形成过程，帮助人们识别心理特质中哪些是积极因素，哪些需要改进，并指出这些特质是在何时、何种情况下塑造的，为个人反思和自我提升提供了依据。

埃里克森的理论给幼儿教师如下启示：

第一，幼儿教师要引导儿童热爱学习，掌握基础文化素养，学会正确面对学业竞争。

第二，关键是让幼儿从幼儿园顺利过渡到学校环境，为他们的入学做好全面的生理和心理准备。

第三，幼儿教师需要教会幼儿如何融入集体，学习与人交往，同时培育他们的团队精神和责任感。

第四，在教学过程中，激发幼儿的学习兴趣和求知欲是至关重要的，这有助于促进他们的思维和记忆发展。通过培养幼儿的勤学和刻苦精神，教师应帮助他们体会到通过努力获得的成就和幸福。

第五，教师还需协助幼儿解决学业和生活中遇到的心理障碍，鼓励他们克服自卑感，将挑战转化为成长的契机。

第六，引导幼儿树立正确的人生观、价值观，以及良好的道德准则。

对于12—18岁的青少年，他们的发展重点在于建立“自我同一性”，即基于自身经历、信念、能力和动机所形成的一致的自我认知。在这个阶段，青少年需要构建自我形象，确认自己在社会中的情感地位，而这一过程中面临的危机是“角色混淆”。如果青少年不能有效地整合内在和外界的多重选择，他们就可能会陷入混乱。在这个阶段，学校教育需要帮助学生探索各种职业道路和社会角色，让他们有更多机会了解社会和自我。教师通过讨论帮助学生解决他们所面临的挑战，给予他们真实的反馈，帮助他们形成合适的自我认同。教育工作者需要成为学生的榜样，引导他们提升自我意识，并在学校营造有利于学生发展的文化环境。

埃里克森最显著的成就之一是提出了一个全面的心理社会发

展模型，这一模型深刻地解释了人一生的发展过程，识别了每个阶段的核心心理社会危机，并分析了危机的正常解决与失败带来的不同影响。

总体来看，埃里克森的理论具有三大显著特点：

第一，他不仅关注人格发展的心理层面，同时也强调生理因素的重要性。

第二，他将心理发展阶段延伸至一个人的整个人生，清晰地分析了各阶段所要面对的关键问题。

第三，他认为人的自我认知不仅关乎未来，也与对过去的理解有关，这一点在个体的人格构建中尤为关键。

第四节 加德纳的多元智能理论

在20世纪80年代，美国知名的发展心理学家，哈佛大学教授——霍华德·加德纳博士首次引入了多元智能的概念。这一理论，在欧洲、美洲以及亚洲众多国家的幼教领域被广泛地采纳，取得了显著的教育成效。加德纳教授强调，智能不应被视为单一不变的结构，而是多元化的。具体来说，个体的智能由语言、逻辑数学、空间、身体—动觉、音乐、人际、内省和自然观察者等八种不同的能力组合而成，每个人都有自己独特的智能结构。

一、多元智能理论

(一)语言智能

语言智能是关乎个体通过口语或书面形式表达思想和理解他人意图的能力。这种智能涵盖了对语音、语义和语法的精准掌握，以及言语思考、表达和深入理解语言精髓的综合能力。相关职业包括政治人物、电视主持、法律专家、演讲者、出版编辑、作家、新闻工作者和教育工作者等。

(二)数学逻辑智能

数学逻辑智能涉及计算、推理、归纳、分类以及执行复杂的数学过程的能力。这种智能体现在对逻辑结构、关系、声明、功能以及其他相关的抽象概念的敏感性上。此类智能者适合成为科学研究员、会计、数据分析师、工程师或软件开发者等。

(三)空间智能

空间智能指的是精确地感知视觉世界的能力，并能将这些感知转化为图形图像。这种智能表现为对颜色、线条、形状、形态和空间关系的高度敏感性。相关领域的专业人士可能是室内装饰设计师、建筑大师、摄影艺术家、画家或是飞行员等。

(四)身体运动智能

身体运动智能指个体利用自己的身体(全身或局部)表达想法、感情或技巧的操作物体的能力。此智能涉及平衡、协调、敏捷、力量、柔韧性及速度等身体技巧，还包括通过触感感知世界的能力。运动员、表演艺术家、舞者、外科医生、珠宝匠或技工等职业，往往需要这种类型的智能。

(五)音乐智能

音乐智能关乎对音调、旋律、节奏和音色的敏锐感知。具备这种智能的人对音乐元素高度敏感，天生具有音乐才能，能在表现、创作或思考音乐方面展现出高超的能力。这类人才可能成为歌手、作曲家、乐队指挥、音乐评论家或调音师等。

(六)人际智能

人际智能是关于理解他人并有效交流的能力。拥有这种智能的人能够洞察他人的情绪、情感，了解他人的需求和动机，以及识别和响应人际交往中的微妙信号。适合的职业包括政界领袖、外交官、团队领导、心理顾问、公共关系专家或销售人员等。

(七)自我认知智能

自我认知智能涉及深入了解自己内心的能力，包括自我意识、自我评估和自我反思。具备这种智能的人能够认清自己的优势和局限，了解自己的情感、意图、性格和自尊，并善于独立思考。他们可能成为哲学家、政治分析家、思想家或心理学家等。

(八)自然认知智能

自然认知智能指的是观察和理解自然界的能力，具备这种智能的人对环境有着强烈的好奇心和探究欲，具有敏锐的观察力，并能理解自然界的微妙差异。他们适合从事的职业包括天文学家、生物学研究员、地质学家、考古学家或环境规划师等。

二、对教育改革的意义

多元智能理论促使我们树立正确的智力观，认识到智力的广博性和多样性，强调在教育中平衡和发展学生的各种能力的重要性。它帮助并改变传统的教学模式，鼓励采取多种教学方法和手段，强调根据学生的特点和教学内容的特性进行个性化教学。该理论还提倡多元化的评价标准，批评传统的以文化和书面考试成绩为主的评价方式，强调考虑个体的多方面能力和潜力。在职业指导上，多元智能理论也提供了一种新的视角，帮助学生和家长更全面地了解孩子本人的长处和兴趣，从而做出更合理的职业选择。多元智能理论有助于形成正确的发展观。多元智能理论的提出，对教育领域产生了深远的影响，它不仅促进了教育方式的革新，而且增强了教育的人文关怀，有助于每个学生都能得到充分的发展和自我实现。

第五节　布朗芬布伦纳的生态系统理论

布朗芬布伦纳构建了一个描述人与环境互动的行为生态系统理论模型，该模型充分认可环境对人类成长的影响及生物因素的角色，但某种程度上略去了生物要素的分量。此理论推动了发展心理学的进步，打破了既往研究对环境解读的狭隘性，扩展了关于青少年心理成长的研究视野。尽管如此，对于生物因素及其在人类连续成长模型中的作用等领域的研究还需要深化。布朗芬布伦纳的理论为幼儿成长过程中的情景影响提供了独特且全方位的阐释。①

一、布朗芬布伦纳的生态系统理论的内涵

该理论模型包括四个层面，按照从小到大的顺序依次为：微观系统、中观系统、外观系统以及宏观系统。这些层面根据行为系统对孩子成长的直接影响程度进行划分，从微观系统到宏观系统，其对孩子的作用也由直接转向间接。

最内层的微观系统，涉及个体的直接活动场所和人际交流的环境，是不断演变和成长的。对大多数幼儿而言，微观系统主要是家庭。随着孩子的成长，其活动空间逐渐扩大，幼儿园、学校和伙伴关系渐渐融入他们的微观系统。对于学生，学校成为家庭之外最大的影响力微观系统。布朗芬布伦纳强调，要了解这一层

① 陈琦，刘儒德．当代教育心理学[M]．北京：北京师范大学出版社，2019.

面上的儿童成长，必须理解所有的互动是相互的：成人的行为会影响儿童的反应，同时，儿童本身的生物社会特征和生理属性、性格及能力也会反过来影响成人。

第二层是中观系统，指的是各个微观系统之间的连接和互动。布朗芬布伦纳指出，如果各个微观系统间存在积极而强烈的联系，发展可能会达到最佳状态。相反，微观系统之间的消极联系可能带来负面后果。幼儿在家中与兄弟姐妹的互动方式可能会影响他在幼儿园与同学的互动。如果幼儿在家中被过分宠爱，在玩具和食物分配上总是得到优先考虑，那么他在幼儿园可能就无法适应平等的待遇，这可能妨碍他与伙伴建立良好的友谊，并可能影响教师的教育方式。

第三层是多层系统，指的是那些幼儿虽然没有直接参与，但他们发展的系统却受到了影响。例如，父母的工作环境就是一个外在的影响因素。

如果家长的工作给予他们自身成就感和社会支持，他们可能会更加自信并且能够更有效地养育孩子。相反，如果父母感到工作压力巨大，他们可能就没有足够的精力投入对幼儿的教育。

第四层是宏观系统，包括文化、政治、经济等宏观社会因素。这些因素虽然间接，却能深刻地影响幼儿的发展。例如，一个国家的经济政策可能会影响父母的工作机会和收入水平，从而影响家庭的经济状况和幼儿的教育资源。

布朗芬布伦纳的理论模型进一步引入了时间这一元素，也就是所谓的历时系统，将时间作为研究心理变化在个体成长中的一个重要参考。他着重指出，要观察儿童的成长和变化，就需要将时间与环境因素结合起来，从而全面分析儿童发展的动态性。婴儿从出生那一刻起，就处于特定的生长环境中，并开始通过本能的生理机制来对环境产生影响。例如，他们通过哭泣这一行为，来获取维持生命所需的资源。与此同时，婴儿也会根据所处的外部条件来调整自己的行为模式，如在感受到温暖时展露笑容。随着时间流逝，影响儿童的微观生态系统也会随之变化。这些变化可能由外在环境引起，也可能源自人的内在因素。因为人类具有选择环境的自主权，布朗芬布伦纳把环境的这种变动定义为“生态转变”，每一次转变都标志着个体生命历程中的一个新阶段，如升学、婚姻等重要时刻。

布朗芬布伦纳特别关注人生中的各个转折点，并把这些转变分为两大类别：正常的（如入学、青春期开始、就业）和非正常的（如家庭成员的去世或重病、父母离婚等）。这些生命中的重大转折点，往往推动着个体的成长和发展。同时，这些变革也会间接地通过影响家庭的整体状况，进而对个体的发展路径产生某些影响。

二、布朗芬布伦纳生态系统理论的实践意义

首先，该理论深化了心理学对“环境”定义的理解。传统发展心理学的关注点主要集中在直接触及幼儿的近距离环境上，如实验所控制的噪声、光线明暗等直观因素。这种做法无形中压缩了“环境”概念的深度和广度，同时也有可能降低实验的可靠性与效度。而布朗芬布伦纳的生态系统理论则对“环境”进行了更广泛和复杂的解读，不仅局限于幼儿的直接环境，还拓展至更大范围的社会和文化背景。这种宏观视角使得研究内容更具生活真实性，而研究结果更加贴近实际，具有更深远的现实意义。

其次，它通过多维度的方式推进儿童发展。生态系统理论揭示了四个系统之间错综复杂的联系。通过对环境因素的深入分析，研究者能够识别出影响儿童成长的关键元素，从而可以实施具有针对性的干预措施。

最后，该理论突出了发展过程的动态特征。布朗芬布伦纳把时间因素纳入研究框架，考察个体在成长过程中的心理变迁。他提出的时间系统与传统发展心理学的“时间”观念有所不同，不再只是描述成长与成熟随时间推移的影响，而是着眼于具体的生活事件，将偶发性和必然性的影响因素相结合。人生的重要事件，特别是一些突发事件(如父母离婚或逝世)对个体的成长影响是深远的。布朗芬布伦纳通过强调发展的动态性，为发展心理学的进一步研究提供了强大动力。

第六节　幼儿言语的发展

言语按照不同标准可进行多种区分，最常见的是分为口语和书面语两大类。口语指的是人们说出来和听到的语言，而书面语则是写下和阅读的文字。书面语基于口语逐渐形成，而在幼儿步入学校学习之前，他们的语言能力主要是通过口语得以提升的。也有一些幼儿早早地开始接触并学习书面语。下面主要介绍幼儿时期言语能力的几个特征。

一、口头言语的发展

幼儿在0—3岁期间，在成人的语言引导及其语言器官和神经系统的逐步成熟下，语言能力不断增强。当进入幼儿阶段时，他们的语言能力又步入新的发展阶段，从“语言准备期”“言语前期”“最初的语言习得阶段”走向了“语言丰富阶段”。在这个时期，幼儿的口头表达能力在多个层面上得到了增强。

(一)语音的发展

伴随着发音器官的完全成熟和语言感知(听觉和动觉)的准确性提高，幼儿的发音技能快速提升，尤其在三四岁这个时期，发音的进步尤为显著。这个阶段的他们能够辨别细微的语音差异，并且能够控制自己的发音器官，基本上能够正确发出本民族或本地区语言的所有语音，甚至能学习发出其他任何语言的语音。然而，在实际的交流中，幼儿可能无法准确发出某些语音。根据我国心理学研究人员对3—6岁儿童语音成长的研究数据，幼儿的语音发展具有以下几个特点：

第一，3—6 岁的幼儿，无论是在城市还是农村，他们的声母、韵母发音的准确性都随着年龄的增长而逐步提高。

第二，3 岁的幼儿与 4 岁幼儿相比，发音的准确性有很大差异。3 岁幼儿往往难以分辨如“e”与“o”“n”与“l”这样细微差别的音位；对有些声母音位的发音方法还没有掌握，错误较多，如把“g”音发成“d”音，把“zh”“ch”“sh”发成“z”“c”“s”或“j”“q”“x”，把“ing”“eng”读成“in”“en”。

第三，语音的成长不仅受限于言语器官和神经系统的发展，而且极大地受到周围环境和教育条件的影响。例如，农村幼儿的语音发展通常落后于城市幼儿。在三四岁之后，幼儿的发音逐渐趋向方言特征。

因此，对幼儿进行语音教学是非常必要的，特别是在 4 岁左右，更应加强正确的语音教育。在幼儿晚期阶段，只要不是由于生理原因造成的缺陷，在正确教育的引导下，幼儿应该能准确地发出各种语音。

(二)词汇的发展

语言的结构，依赖于词汇以特定的模式编排而成，由此，词汇的成长自然成为语言进步的关键指标之一。这一进程可以通过观察词汇量的多寡、种类的丰富度以及词义的变迁三个维度来深入分析。

1. 词汇数量的增加

在人的生命旅程中，幼儿时期的词汇扩张是最为迅速的。这一时期，幼儿的词汇储备呈现出逐年上升的态势。河北大学的研究指出，三四岁的幼儿大约能够使用 1200 个不同的词语。而其他研究结果显示，儿童在幼年的后期，能够掌握 3000—4000 个词语，这几乎是他们幼年早期的 3 倍。

2. 多类词类的使用

根据国内的研究，儿童在幼儿阶段就显示出了多样的词类使用，如名词、动词、代词的使用较为频繁，同时也出现了一些副词、形容词等。随着年龄的增长，他们不仅在口语中使用的词类日益丰富，而且每个词类的运用也更为广泛。除了基本词类，幼儿的言语中还涵盖了汉语的各类词汇。[①]

同时，幼儿的词汇内容也在不断地丰富与扩充。他们不仅学会了许多与日常生活、饮食起居有直接关系的词语，也认识到一些与日常生活接触不多的概念，如人造卫星、历史知识、工业和农业生产等。在名词的使用上，具有更高抽象性和概括性的词语也逐步增多。例如，他们从掌握“积木”“娃娃”“桌子”“椅子”等具体事物，发展到能够理解“玩具”“家具”等更广泛的概念。

3. 词义逐渐确切和深化

一些词语在幼儿很小的时候就已经出现，但不同年龄层的幼儿可能对同一个词语有不同的解释，也可能不会正确地运用。随着年龄的增长，他们对词义的理解逐渐变得更加精准和深入。他们开始克服早期对词义理解过于宽泛或狭隘的问题。例如，幼儿对“猫”的理解不会过度泛化为所有有毛的生物，也不会仅限于家中的那只小猫，而是能够准确地用“猫”这个词来指代大小、颜色和种类不同的猫，使得这个词具备了更广义的特性。

此外，幼儿在口头表达中使用的积极词汇逐渐增多。所谓积

---

① 程秀兰，马艳，曹金金，等. 家庭语言环境对 3—6 岁幼儿理解性词汇发展的影响[J]. 教育导刊(下半月)，2021(05)：76－82.

极词汇，即幼儿不仅能理解也能正确运用的词汇。但在他们的语言中，也存在许多被动词汇，并且数量在增加。被动词汇是指那些幼儿能理解但不一定能正确使用的词语。由于知识和经验的局限，幼儿可能无法准确理解许多词语，或者理解了却无法准确运用，因此出现了词语使用不当或造词的现象，幼儿会错误地使用量词，如把“一个小朋友”说成“一只小朋友”，把“一张电影票”说成“一个电影票”等。

综上所述，幼儿言语的发展不仅表现在词汇量的增长和词类的多样化上，还体现在对词义的深入理解和准确运用上。在此过程中，既有积极词汇的增加，也有被动词汇的存在。而这些都是语言发展的重要组成部分，标志着幼儿在认知、语言和思维方面的成长。

(三)语法的掌握

言语能力的提升不仅体现在准确的发音和词汇积累上，更在于对语法规则的把握和运用上，以及如何将词语妥帖地组织成句。在与人互动的过程中，幼儿自觉地学会了基础的语法和各种句式。[①] 研究指出，我国幼儿在句子构造上的进步具有以下特点：

1. 从简单句发展到复合句

由单句向复句的转变。尽管早期的幼儿也能够使用一些复杂句型，但他们主要还是使用简单句。研究发现，两岁幼儿使用的复杂句仅占到全部句型的 3.5%，而简单句则高达 96.5%。进入学龄前期，尽管简单句依旧占主导，但随年龄增长，复杂句的使用率逐步提高。4 岁之后的幼儿甚至开始使用各种从属复合句，

① 曹春云．家庭视域下学前儿童语言教育的特点及路径分析[J]．教育导刊(下半月)，2021(02)：67—70.

例如利用适当的连词来构造复杂句并表达不同的逻辑关系。例如，“如果……就……”被用于表达假设，“只有……才……”被用于描述条件，“因为……所以……”被用于阐明因果等。[①]

2. 从陈述句发展到多种形式的句子

幼儿的口头言语中，陈述句仍占相当的比例，约三分之一，其他句型如疑问句、否定句等也都发展起来了。在幼儿的言语实践中，可以看到他们由于受简单陈述句句型模式的影响，往往对一些复杂的句子因不能理解而发生误解。如五六岁的幼儿对被动句不易理解，因而把“小狗被小兔推着走”误认为“小狗推小兔走”。又如，对双重否定句更难以正确理解，因而把“哪个盒里没有一个娃娃不是站着的”误解为“没有娃娃站着”，或对句义完全不理解。

3. 从不完整句到完整句

在幼儿的口头表达中，陈述句是主要的句型，大约占三分之一，其余如疑问句、否定句也逐渐展现出来。值得注意的是，幼儿受到简单句型的影响，对于一些复杂句型可能会产生误解。三岁半以后的幼儿，能逐渐掌握句子成分之间的复杂而严格的关系，出现了较复杂的修饰语句，如有介词结构的“把”字句：“他们把绳子结起来跳”“小兔子把萝卜放在桌子上”；兼语句，如“阿姨教我们讲故事”。六岁幼儿的简单句几乎全是完整句，复合句也较完整。

4. 句子从短到长

随着年龄的增长，幼儿所使用的句子长度也在增加。据研究，三岁的孩子主要使用包含三个词的句子（占 21.5%），三岁半

---

① 洪秀敏．学前儿童发展[M]．北京：高等教育出版社，2013.

的孩子的句子长度可以达到6—10个词(占21.2%)，而四岁的孩子能够构建超过11个词的句子。此后，句子中的词数将继续增加。总的来说，到了幼儿晚期，幼儿不仅可以使用完整的简单陈述句，而且还能够使用多种复杂句型；句子长度增加，句子结构也更加紧密。值得注意的是，幼儿并不是通过专门的语法教学来学习语法的，而是在日常语言活动中逐步习得的。他们在使用句子时，并不理解构成句子的原因。因此，在与幼儿交流时使用正确的语法对他们学习语法有着直接的积极作用。

(四)言语表达能力的发展

随着社会对个人提出更高的交际需求，以及幼儿对词汇和语法结构的不断掌握，他们的口头表达能力也在不断进步。

1. 独白言语的出现

口语表达可以分为对话式和独白式两种。早期幼儿主要通过对话来表达自己的思想，但随着能力的提升，他们开始能够进行独白式的表达。独白式表达是指幼儿能够在没有外部刺激或回应的情况下，持续表达一段时间的能力。这种表达形式通常在幼儿三岁半到四岁之间出现，与此同时，他们的叙述能力、描述能力、解释能力、说明能力和议论能力也逐渐增强。

2. 连贯性言语增多

幼儿早期的语言往往停滞不前，表现为重复和犹豫。但随着年龄的增长，他们开始能够更流畅、更连贯地表达思想。这种流畅度的提高反映在他们能够更快地找到合适的词语，减少了不必要的重复，能够更好地使用连词将句子连接起来。

3. 口头表达内容的丰富

幼儿在三岁半到四岁之间，他们的语言表达内容开始变得更加丰富多彩。他们不仅可以描述自己直接经历的事，还能够表达自己的感受、愿望、想象和创造。例如，他们能够描述一个复杂游戏的过程，讲述一个完整的故事，甚至创造自己的故事。他们的语言表达也开始具有一定的逻辑性和条理性，能够根据事物之间的逻辑关系来组织语言。

总之，随着年龄的增长和心智的发展，幼儿的语言能力得到了全面的提升。他们不仅学会了更多的词语，还掌握了复杂的语法结构，能够进行流畅、丰富和有逻辑的表达。这些能力的提升为他们日后的学习和生活打下了坚实的基础。

(五)内部言语的产生

言语可以根据活动的目的和是否发声分为外部言语和内部言语两种。内部言语是不发出声音的，但言语发音器官的肌肉组织仍然活跃，它向大脑皮层发送动觉刺激，这种活动可以通过精密仪器进行测量。

内部言语相对于外部言语来说更为简洁和概括。内部言语通常用一个词或一个词组来表达，而在外部言语中需要用一句话或一段话来表达。

内部言语不是用于与他人交流的，而是个体思考问题时的一种言语表达方式。它还具有调节个体心理活动的功能，与心理自觉性的发展密切相关。

内部言语可以被看作是言语的高级形式，是在外部言语基础上发展而来的。在幼儿早期阶段，幼儿还没有内部言语，因此无法默默地思考问题。直到幼儿时期，内部言语才开始逐渐产生。

幼儿在内部言语发展的过程中，通常会出现一种介于外部言语和内部言语之间的形式，即出声的自言自语，即同时出声发言，但也是对自己的言语。在出声的自言自语中，又可以分为“游戏言语”和“问题言语”两种。

“游戏言语”是在游戏和活动中对行动的伴随言语，即一边进行动作，一边嘟囔着说话。这种言语通常较为完整、详细，具有丰富的表达能力，例如，幼儿在进行建筑游戏或绘画时常常伴随这种言语。

“问题言语”则是在进行活动时遇到困难或问题时产生的自言自语，常常用于表达对问题的困惑、怀疑、惊奇以及解决问题的方法。这种言语通常较为简单、零散，由一些简短的词语和句子组成。

对于不同年龄的幼儿来说，这两种言语的比例会有所不同。3—5 岁的幼儿更多地表现出“游戏言语”，而 5—7 岁的幼儿则更多地使用“问题言语”。这是因为年龄小的幼儿通常还不具备独立解决问题的能力。

在幼儿期，自言自语在幼儿口头言语中占有相当大的比例。然而，随着年龄的增长，这一比例逐渐减小。皮亚杰的研究发现，4 岁的幼儿约有 48％的时间用于自言自语，而在他(她)7 岁时下降到 28％。同时，自言自语的比例也受到幼儿所处环境的影响，通常在幼儿独自玩耍时，自言自语更为频繁。

二、早期书面言语的学习与运用

掌握书面言语相对于口头言语来说更为困难：首先，书面言语不仅需要建立动觉、听觉和词汇意义之间的联系，还需要考虑到字形的视觉刺激；其次，书面言语相对于口头独白言语更加开放。在书面表达中，作者无法依靠读者的及时反馈来进行修正和补充，因此要求在书写时清晰明了地表达问题；再次，书面言语是一种相对自由的表达形式，要求作者在写作时选择最适合的语言方式来表达问题。

总之，与口头言语相比，书面言语在表达和结构方面更为复杂，因此需要有专门的教学组织。

口头言语的选词和句子的构建以及感知理解都是一次性完成的。而在书面言语中，作者可以反复修改和推敲，读者也可以反复阅读和理解。因此，学习书面言语有助于提高言语活动的水平。

在幼儿期，儿童已经具备学习书面言语的潜力。幼儿期的口头言语发展相当成熟，为学习书面言语奠定了基础。同时，幼儿对于形象知觉的发展也为他们识别字形提供了机会。有人认为，字母、数字、字词，特别是汉字的方块形式，从本质上来说，不过是一种图形。识字实际上是一种特殊的图形知觉。当幼儿能够识别图形时，就可以分辨字形。研究还发现，大约两岁半的幼儿已经具备了记忆阿拉伯数字和一些简单汉字的能力，可以达到被别人认可的程度。

此外，在日常生活中，我们也可以观察到幼儿对于字母、书籍、书写的兴趣和需求。当成年人经常为他们读故事书，或者看到成人书写时，他们逐渐产生了学习书面言语的积极性。有些幼儿会主动向成年人询问字词的意义，请求教导。有些幼儿会拿着图书，指着书中的图片并试图识别相关的文字。还有些幼儿会主动索要纸和笔，然后趴在桌子上尝试写字。在这种情况下，教师和家长应正确引导幼儿学习书面言语，保护和激发他们的学习兴趣。

综上所述，幼儿已经具备学习书面言语的潜力。然而，关于是否应该在幼儿园进行字词教学以及如何进行教学等问题，需要由幼教工作者根据相关规定和幼儿的实际情况决定。

第七节　幼儿思维的发展

儿童心理学研究了思维如何从最初的直觉性行动思维逐渐演变为具体的形象思维，最终达到抽象逻辑思维的水平。儿童思维的不同发展阶段被划分为直觉性行动思维、具体的形象思维和抽象逻辑思维三种，这三个层次的思维反映了儿童思维发展的一般趋势。

一、直觉行动思维

幼儿和成人一样，都在积极的活动中反映现实。婴儿的活动单位是动作，这些动作可以被看作是构建智力基础的砖瓦。幼儿早期的动作发展与心理发展密切相关。幼儿的动作发展水平在某种程度上反映了他们的心理发展水平，同时，幼儿动作的发展也促进了心理能力的提升。

新生儿天生具备一些反射动作，如吸吮、抓握、拥抱、踏步等，这些天生的反射动作随着幼儿年龄增长会逐渐消失。幼儿的动作发展存在一定的个体差异，但总体来说，幼儿的行为系统建立是一个有序的过程，每个反应都代表了成熟阶段中的一种行为模式。在幼儿的动作发展中，双手的发展尤为重要。在双手的运动中，抓握动作的发展具有特别的重要性。抓握动作有助于形成视觉和运动的协调性，它是幼儿最初的有方向的运动，也是各种复杂动作的基础。

幼儿早期的动作发展对心理学研究有着重要的价值，因为幼儿最初的思维和他们的动作发展密不可分。动作是思维的起点，是解决问题的基本手段，也是直觉性行动思维的工具。所谓直觉性行动思维，即幼儿在行动中进行思考。这种思维必须建立在幼儿对物体的感知和他们自己的动作之上。在这种思维中，幼儿只能反映他们的动作能够触及的具体事物，他们需要依赖动作来思考，无法脱离动作进行抽象思考。正因为如此，直觉性行动思维一开始就显示出它的范围有限、内容表面和情景短暂的特点。

直觉性行动思维使幼儿能够对事物作出一定程度的总结，形成对刺激物的复杂关系和反应动作之间的联系。这种思维的发展，从主体的角度来看，促使幼儿的动作协调发展，为今后思维的发展奠定了基础。从客体的角度来看，它有助于协调不同客体之间的相互作用，有助于将客体从时间和空间上整合，这是未来揭示事物之间复杂关系(如因果关系等)的起点。然而，由于直觉性行动思维缺乏语言的中介，因此它具有狭隘性(思维的范围有限)、表面性(思维的内容较为表面)和情景性(思维持续时间较短)的特点，无法掌握事物的本质和复杂关系。但是，这一阶段的思维绝不是没有价值的、可有可无的或可笑的。事实上，直觉性行动思维一方面促进了幼儿的动作协调，另一方面帮助他们组织客体，作为未来发展“概念智力”(抽象思维)的基础。

二、具体形象思维

具体形象思维主要在幼儿期表现出来。这个时期，幼儿的活动范围扩大，感性经验增多，语言能力丰富，为思维发展提供了良好的条件。在这个阶段，幼儿的思维主要依赖于物体的具体形象、表象以及与这些表象相关联的联想思维。因此，这个时期幼儿的思维通常可以依靠形象来认知个别对象。这种具体形象思维实际上是直觉性行动思维的演化结果，它是幼儿通过重复和浓缩直觉性行动思维而形成的表象。

在整个幼儿期内，思维的特点也发生了变化。在早期，思维仍然包含相当多的直觉性行动思维成分，但随着时间的推移，幼儿开始借助表象来进行思维活动，表象在思维中的比重逐渐增大，最终成为幼儿思维的主要方式。

具体的形象思维具有以下两个特点：

1. 具体性和形象性

由于表象功能的发展，幼儿的思维逐渐脱离了行动，也可以脱离直接感知的客体，变得更具概括性和灵活性。然而，由于幼儿尚不擅长运用概念、判断和推理来处理复杂问题，对于抽象问题往往感到困惑，因此他们通常需要依赖具体的事物作为思维的支点，在处理抽象概念时容易受到干扰。

2. 开始认识事物的属性

在幼儿早期，他们通常根据事物的外部特征来认知和区分事物，但到了中期(幼儿园中班)，幼儿逐渐开始认识事物的属性，开始根据事物的重要特征进行概括。然而，这种概括与抽象概念之间仍然存在很大差距。他们所掌握的概念通常与具体的对象相关联，与客体的感知特点和特定情景紧密相关，无法反映该类对象的一般特性。然而，在他们的经验范围内，对于熟悉的事物，幼儿已经可以进行逻辑思维。①

---

① 周念丽．学前儿童发展心理学[M]．上海：华东师范大学出版社，2014.

第八节 幼儿记忆的发展

记忆是心理学中的一个重要概念，它是指人脑对过去经验的保存、再现的心理过程，包括识记、保持、再认或回忆三个基本环节。记忆可以根据不同的分类标准分为不同的类型。总之，记忆是心理学中一个非常复杂的概念，它涉及多个方面和不同的分类标准。通过对记忆的研究和理解，可以帮助人们更好地认识自己的心理活动和提高自己的学习和生活质量。在儿童心理学中，记忆也是重要的认知组成部分。

一、记忆的发生与发展

当婴儿 4 个月大时，将一张崭新的图片与已经反复观看过的图片一同呈现在他(她)的面前，婴儿对后者的关注时间明显更长。而一名 3 岁的幼儿已经能够详细叙述他参观面包厂的经历，这些活动都有一个共同的要素——记忆。绝大多数婴儿的认知活动都牵涉了记忆的作用。注意力的定向需要建立在某种程度的再认之上。如果婴儿不能以某种方式保存有关反复呈现的刺激的经验，那么他们就无法表现出对它的适应性反应。模仿和搜索隐藏的物体(它们的存在是永久的)同样依赖于过去事件的记忆。婴儿早期表现出来的经典条件反射和操作条件反射也都离不开记忆的前提条件。

婴儿不仅早早地拥有了记忆，而且他们具备相当强的信息保持能力。比如，5 个月大的婴儿仅仅接触一张人脸照片两分钟，两周后仍然能表现出对该照片的识别迹象。在一项研究中，婴儿被训练看到小汽车时做出踢腿反应，结果显示，3 个月大的婴儿能够在接受训练后的两周内保持这种习得联系。如果在初始的学习和记忆测试期间，为婴儿提供有关这一联系的提示，比如实验者以婴儿熟悉的方式轻轻晃动小汽车，婴儿的记忆效果将更加持久。婴儿对于诸如母亲的面孔等经常出现的重要刺激的记忆持续时间会更长。①

二、幼儿记忆的发展特点

三岁以后的幼儿由于活动的丰富化、复杂化，以及言语的进一步发展，记忆的范围将更加扩大。这个时期幼儿记忆的特点如下：

(一)无意记忆占优势，有意记忆逐渐发展

根据幼儿行为是否有明确目标，可以将记忆分为无意识记和有意识记。没有特定目标和故意努力的自然记忆被称为无意识记，而有明确记忆目标和故意努力的记忆则被归类为有意识记。学前儿童记忆的基本特点是无意识记占据主导地位，而有意识记逐渐增强。

1. 无意识记占优势

(1)无意识记的效果优于有意识记

在 3 岁之前，幼儿基本上只表现出无意识记，而不具备有意识记的能力。在整个幼儿期，无意识记的效果始终优于有意识记。一项实验要求幼儿玩一个关于家庭场景的游戏，包括厨房、

① 周念丽．学前儿童发展心理学[M]．华东师范大学出版社，2014.

花园、卧室等元素。幼儿需要使用图片在游戏桌上安排这些元素。总共有 15 张图片，上面都是幼儿熟悉的物品，如水壶、苹果和狗。游戏结束后，要求幼儿回忆他们在游戏中安排的物品，即进行无意识记的测试。在相同的实验条件下，另一组幼儿被要求有意识地记这 15 张图片的内容。研究结果显示，幼儿中期和晚期的无意识记效果均优于有意识记。直到小学阶段，孩子的有意识记才逐渐赶上无意识记。

(2)无意识记效果随着年龄增长而提高

由于记忆加工能力的增强，幼儿的无意识记在持续发展。实验表明，给不同年龄组的幼儿讲述同一个故事，而不要求他们特意记忆，一段时间后对他们进行回忆测试。结果显示，年龄较大的幼儿无意识记的效果更好。

(3)无意识记是积极认知活动的副产物

幼儿的无意识记并非源自直接接受记忆任务或有意完成记忆任务，而是在完成感知和思维任务的过程中自然产生的副产品。研究表明，幼儿的认知活动越积极，其无意识记效果就越显著。

幼儿无意识记的效果依赖以下因素：

① 客观事物的性质。那些直观、形象、具体、鲜明的事物，因其独特的物理特点，容易引起幼儿的专注，也容易被他们在无意识中牢记。

② 客观事物与幼儿主体的关系。与幼儿的日常生活密切相关、符合他们兴趣、能够引发强烈情感体验的事物，更容易引起幼儿的关注和感知，也更容易成为无意识记的内容。例如，感人的道德故事比空洞的道德说教更容易被幼儿记住。

③ 幼儿认识活动的主要对象或活动所追求的事物。如果将记

忆对象纳入儿童活动的注意范围，使幼儿在活动中一直关注该对象，那么对这种对象的无意识记效果会比较好。比如，发给幼儿15张图片，每张图片中央都画有幼儿熟悉的物体，图片的右上角画有同样醒目的符号，如△、＋、○等。把幼儿分为两组，一组的任务是按物体的特点分类，如把猫和狗放在一起；另一组的任务是按符号分类，如把有△符号的放在一起。分类完毕，要求幼儿回忆各图片上的物体。结果，按图片所示物体分类的幼儿，平均能记住10.6个物体；按符号分类的幼儿，平均只记住3.1个物体。这说明由于活动中辨别的主要对象不同，对图形的无意识记效果也不同。

④ 活动中感官参加的数量。在有多种感官参与的情况下，幼儿的无意识记效果会更好。例如，同时通过视觉和听觉两个通道记忆的幼儿的平均得分为76.7，而仅通过听觉记忆的幼儿的平均成绩仅为43.6分。这说明多种感官的参与有助于提高无意识记效果。

⑤ 活动动机。活动动机的不同会影响无意识记效果。研究表明，在竞赛性游戏中，儿童表现出更高的积极性，从而提高了无意识记的效果。

2. 有意识记逐渐发展

有意识记的发展，是幼儿记忆发展中最重要的质的飞跃，幼儿有意识记的发展有以下特点：

(1)儿童的有意识记是在成人的教育下逐渐产生的

成人在日常生活和组织幼儿活动时，经常给幼儿布置记忆任务，例如在讲故事前提出复述故事的要求，或要求背诵儿歌。这些都是促使其有意识记发展的手段。

(2)有意识记的效果依赖于对记忆任务的意识和活动动机。

幼儿对记忆任务的明确程度会影响有意识记的效果。活动动机对有意识记忆的积极性和效果也有很大影响。如果成人提出的要求合适，使幼儿明确任务的目的，那么在完成任务时，有意识记的效果甚至可能超过游戏的效果。

(3)幼儿有意再现的发展先于有意识记

研究表明，儿童在达到有意再现或追忆较高行为类型的年龄时，有意识记的发展较早。不同活动条件下，有意识记和有意再现的水平有所不同，但在游戏和完成实际任务的条件下，有意识记的效果较好①。

(二)记忆的理解和组织程度逐渐提高

记忆可分为机械记忆和意义记忆两种类型。机械记忆指的是对材料的意义和逻辑关系不理解，采用简单的、机械的、重复的方式来记忆。意义记忆则是根据对材料内容、意义和逻辑关系的理解来进行的记忆，也称为理解记忆或逻辑记忆。

1. 机械记忆用得多，意义记忆效果好

(1)机械记忆用得多

相较于成年人，幼儿更常采用机械记忆方法，他们会反复背诵一些自己并不完全理解的材料，这对他们来说并不困难。幼儿之所以更多地使用机械记忆，可能有两个原因：首先，幼儿的大脑皮质反应较为活跃，即使对一些不太理解的事物也能够留下印象；其次，幼儿对事物的理解能力较差，对很多学习材料没有深刻理解，无法加工信息，只能机械记忆。

---

① 杜坤，王庆雄，梁小红，等．儿童视觉空间识记特征与数学能力的相关性研究[J]．中国儿童保健杂志，2014，22(06)：569－571，579.

(2)意义记忆的效果优于机械记忆

研究表明，对于已理解的材料，幼儿的记忆效果更好。在日常生活中，幼儿对已理解的儿歌的记忆效果比自己不理解的诗歌更好。一项研究比较了幼儿对于熟悉物体和不熟悉无意义图形的记忆效果，结果显示，幼儿对于熟悉物体的记忆明显优于不熟悉的无意义图形。此外，幼儿对于理解了的信息的记忆保持的时间也更长。意义记忆之所以比机械记忆效果好，原因如下：

第一，意义记忆是通过对材料的理解来进行的。理解使得记忆材料与已有的知识和经验相联系，将新材料整合到已有的知识系统中。

第二，机械记忆只能将信息视为孤立的单元进行记忆，而意义记忆则将信息相互关联，形成更大的单元或系统。

为什么意义记忆比机械记忆效果好？其主要原因如下：

第一，意义记忆是通过对材料的理解而进行的。理解使记忆的材料和过去头脑中已有的知识经验联系起来，把新材料纳入已有的知识经验的系统中。

第二，机械记忆只能将事物作为单个的孤立的小单位来记忆，意义记忆使记忆材料互相联系，从而把孤立的小单位联系起来，形成较大的单位或系统。

2. 学前儿童的机械记忆和意义记忆都在不断发展

在整个幼儿期，无论是机械记忆还是意义记忆，随着年龄的增长，记忆能力都有所提高。同时，从上述研究材料中可以看出，年龄较小的幼儿意义记忆的效果远优于机械记忆，但随着年龄增长，两者之间的差距逐渐缩小。这并不表示机械记忆的发展速度更快，而是因为随着年龄增长，机械记忆中加入了更多的理解成分，这些理解成分提高了机械记忆的效果。例如，儿童对一些陌生的词语，有时会按照自己的理解来记忆。这表明两者之间的差距减小是因为两种记忆方式之间的区别逐渐减小，它们相互交织，尤其是意义记忆渗入机械记忆中。

(三)形象记忆占优势，语词记忆逐渐发展

1. 学前儿童形象记忆的效果优于语词记忆

形象记忆是根据具体的形象来记忆各种材料。在幼儿发展语言之前，他们只能记住事物的形象，即形象记忆。即使在幼儿发展语言之后，形象记忆在整个幼儿期仍然占据主导地位。

2. 形象记忆和语词记忆都随着年龄的增长而发展

在整个幼儿期，形象记忆和语词记忆都随幼儿年龄增长而发展。研究表明 3—4 岁的幼儿，无论是形象记忆还是语词记忆，其水平都相对较低。随着年龄的增长，两种记忆方式的效果会逐渐提高。

3. 形象记忆和语词记忆的差别逐渐缩小

两种记忆方式的差距逐渐减小，是因为随着年龄的增长，形象和语词之间的联系变得更加紧密。幼儿对熟悉的物体可以叫出其名称，从而将物体的形象与相应的词语联系起来。此外，熟悉的词语也会建立在具体形象的基础上，词语和物体的形象密切相连，不可分割。形象记忆和语词记忆之间的区别是相对的。在形象记忆中，物体或图形起主要作用，语词起辅助和组织形象记忆的作用。而在语词记忆中，主要记忆内容是语言材料，但记忆过程要求语词所代表的事物的形象作为支撑。随着幼儿语言能力的发展，形象和语词之间的联系越来越密切，两种记忆方式之间的差异也相对减少。

(四)幼儿记忆的意识性和记忆方法逐渐发展

关于幼儿意识记忆和意义记忆的发展，以及机械记忆和意义记忆之间的相互影响，都反映了幼儿记忆过程的自觉性和记忆策略的发展。

三、幼儿记忆策略的发展

(一)复述策略

幼儿会逐渐采用复述策略。研究发现，随着年龄的增长，幼儿在学习和记忆中会更频繁地使用复述策略。年龄较大的幼儿更容易自发地使用这一策略，而且复述次数较多的幼儿通常在记忆方面表现更好。

(二)组织策略

组织策略是一种有益的记忆方法，通过整理和处理记忆材料，将其融入已有的知识框架，以提高记忆效果。这种策略包括分类处理、主观组织和意义编码等方法，用来整理记忆材料，使其更容易被记住。

1. 归类加工

假如你面前有 60 张图片，它们属于不同的类别，比如家具、碗碟、花朵、交通工具等，然后要求你进行自由回忆，你会采取什么方法呢？你很可能会明白，要记住 60 张毫不相关的图片比将它们分类后再记忆要难得多。因此，一种可能的做法是将这 60 张图片按照类别进行分组，然后再记忆。实际上，已有多项研究结果表明，分类处理是促进幼儿记忆的一种有效组织策略。在上面的例子中，你使用的方法是类别分类，也就是说，在记忆一系列项目时，我们通常倾向于按照一定的类别进行记忆。还有一种分类处理是联想分类，即根据经验中的一个元素来联想另一个元素，或者从一个元素的记忆中联想另一个元素。人们在记忆过程中可以根据联想的原则来进行分类处理。例如，根据接近原则(根据时间或空间的接近性将项目组织在一起，比如桌子和椅子，男人和女人等)，将词语组织在一起以便于记忆。

2. 主观组织

当记忆材料既不能按照类别分类，又没有明显的联想原则可供使用时，人们通常会采取主观的组织方法。例如，如果给被测试幼儿呈现一些毫不相关的单词(如帽子、照片、羊、祖父等)，要求他们自由回忆，随着实验次数的增加，被试者的回忆数量会逐渐增多。同时，还能发现被试者在连续的实验中倾向于以相同的顺序回忆这些单词。这种现象可能是因为被试者主观地将这些毫不相关的单词放入一个故事情节中，以便更好地记忆。

3. 意义编码

对于那些没有明显意义的数字、单词等材料，如果能够将它们与已有的知识和经验联系起来，或者找到它们之间的关联，赋予它们一定的意义，就更容易将它们记住。例如，要记住数字序列：149162536496481。如果找不到这些数字之间的关联，就很难记忆。但如果能够看出这些数字的某种有意义的结构：1491—6253—6496—481，就会更容易记住。

4. 形象化

幼儿在早期更倾向于使用形象记忆，而随着语言能力的发展，逐渐转向语词记忆。因此，对于故事、诗歌或单词等内容，如果能够在头脑中构建形象来记忆，其效果要远远优于机械的重复记忆。

(三)检索策略

一旦信息进入了记忆系统，就需要通过某些方法将其检索出来。对于再认来说，因为呈现的刺激可以帮助检索相应的记忆内容，所以检索过程相对较容易。然而，对于回忆来说，检索过程就不那么简单了。

幼儿在检索方面的问题与他们需要恢复原来的编码环境有关。例如，在一项研究中，给幼儿呈现一组与目标特征相关的线索(比如使用玫瑰和郁金香花作为百合花的线索)，然后，在检索过程中，再次呈现这些线索的一部分或全部，要求幼儿回忆与线索相关的目标词汇。研究结果发现，在适当的指导下，幼儿能够进行信息检索，但需要比年长的幼儿更多、更清晰的提示。①

① 张新凤．基于记忆策略的绘本教学对幼儿记忆品质的培养研究[D]．湖北师范大学，2023.

第九节　幼儿情绪、情感的发展

幼儿情绪和情感的发展是指幼儿在情绪和情感方面的认知和表达能力的逐步成熟和发展。情绪和情感发展对于学前儿童适应生存、学习和发展有着特别的意义。情绪和情感是人对于客观事物是否符合自己的需要而产生的态度体验，反映的是客观事物与人的需要之间的关系。

一、情绪、情感的发展特点

学前幼儿情绪、情感的发展趋势主要有三个方面：社会化、丰富和深刻化、自我调节化。

(一)情绪、情感的社会化

幼儿最初的情绪、情感与生理需求密切相关，但随着年龄的增长，情感逐渐与社会需求相联系，社会化已成为情绪、情感发展的主要方向。

1. 社会互动逐渐增多

学前幼儿的情感活动逐渐涉及社会互动，随着年龄的增长，这种互动更为频繁。

2. 社会因素引发情感反应逐渐增多

情绪、情感的触发因素被称为情感动机。婴儿的情绪、情感反应主要与基本生活需求的满足有关，如温暖的环境、充饥、清洁尿布等，通常是引发愉悦情感的动机。然而，在 1—3 岁的幼儿中，情感反应的动机除了与满足生理需求有关外，还涉及大量社会需求。但总体来说，在 3 岁之前，幼儿生理需求的满足仍然是其主要的情感动机。

3. 表情逐渐社会化

幼儿的情绪、情感通过表情表现出来。某些表情是生物本能的表现方式。随着幼儿的成长，他们逐渐学会理解周围人的表情，并能够运用社会化的表情手段。

(二)情绪、情感的丰富和深刻化

从情绪、情感所指向的对象来看，情感的发展变得更加丰富多彩。

1. 情绪、情感日益丰富

幼儿情绪、情感的丰富多彩包括两个方面的含义：一是逐渐分化，二是对象逐渐增多。

(1)情感的分化

刚出生的婴儿只有少数几种情绪和情感，但随着年龄的增长，情感不断细化、多样化。

(2)情绪、情感对象的增多

一些事物，之前可能不会引起幼儿的情感体验，但随着年龄的增长，它们开始成为幼儿释放情感的对象。

2. 情绪、情感的深度

情绪、情感的深度指向对象的性质，从表面特征逐渐深入内在特点。

(三)情绪、情感的自我调节化

自我调节是幼儿情绪管理的关键。随着年龄的增长，幼儿能够更加自主地调节自己的情感，情感控制能力也逐渐增强。幼儿教师可以教孩子一些情感调节策略，如深呼吸、数数等，还可以鼓励孩子通过积极的思维方式来面对问题，减少负面情绪的产生。

二、幼儿情绪表现的特点

(一)易冲动

3—6岁的幼儿内在抑制能力不强，控制能力较弱，言语调节功能尚不完善。因此，当外界刺激作用于幼儿时，情感往往会迅速从一种极端发展到另一种。这一时期的幼儿情感波动大，不太稳定。因此，这个时期的幼儿的情感就像春天的天气一样多变，准确说来就是“说哭就哭，说笑就笑”。[①]

(二)易外露

在这个阶段，幼儿的自我控制能力有限，他们的情感变化会毫不掩饰地表现出来。幼儿善于用身体语言来表达情感，如不高兴就会哭泣，高兴或舒适时会大笑或跳跃，愤怒时会瞪眼或跺脚，有好消息时会向自己亲近的人分享。

(三)易感染

幼儿的情感受情境影响较大，当他们经历拥有新玩具、母亲离开、新朋友到来等情境变化时，他们的情感也会迅速变化。在很多情况下，幼儿的情感变化不是自发产生的，而是受到了周围人情感波动的影响。在幼儿园，经常会出现一个孩子哭，其他孩子莫名其妙地跟着哭的情况，整个场面会变得混乱不堪。幼儿随着年龄的增长，这种情感特征会逐渐减少，幼儿的情感控制能力

① 李燕．学前儿童发展[M]．上海：华东师范大学出版社，2016.

和稳定性也会逐步提高。

随着年龄的增长，幼儿的道德感、理智感和情感调节策略逐渐发展，情感易冲动、易外露、易受感染等特点会逐渐减弱，情感控制能力和稳定性也会增强。

三、幼儿基本情感的发展

(一)道德感

道德感是指评价自已和他人思想、言行的情感体验，3 岁前的幼儿只有一些道德感的萌芽。小班幼儿主要关注个体行为，例如知道打人或咬人不好。中班幼儿不仅关注自己的行为是否符合道德标准，还开始关心他人的行为，因此会产生相应的情感。大班幼儿的道德感进一步发展和复杂化，他们对好与坏、好人与坏人有明显的不同感情，这不仅表现在思想上，还表现在更广泛的观念体验上，如爱护同伴、爱护集体等。羞愧感从中期幼儿时期开始明显发展，他们会因错误行为而感到羞愧，这种感情通常是在模仿成人时发生的。执行成人口头要求是在集体活动中和成人的道德评价下才逐渐发展起来的。

(二)理智感

理智感是在认识客观事物的过程中产生的情感体验，与求知欲、认知兴趣、问题解决需求等相关。幼儿时期是一个人理智感开始发展的时期，主要表现为强烈的好奇心和求知欲。

(三)美感

美感是评价事物时产生的情感体验，是幼儿对客观事物美的感受和体验，也是培养幼儿审美能力的基础。艳丽的色彩、优美的线条、和谐的形状、完美的构图等都能引发幼儿愉悦的体验和美好的情感。虽然这种美感通常不明确或深刻，但具有一定的审美特质。在幼儿时期，美感会显著发展。然而，年龄较小的幼儿通常只会根据事物的单一属性来感受美，而年龄较大的幼儿则会从整体属性上感受事物的美。幼儿的美感发展受多种心理因素影响，包括感知觉、表象、思维和情感等。因此，根据幼儿的心理特点对幼儿进行美育可以采用培养感知觉、丰富表象和联想、加深情感体验等方法。

第十节　幼儿社会性的发展

学前儿童的社会性发展是幼儿由自然人发展成为社会人的社会化过程，对于幼儿的成长至关重要。

一、幼儿社会性发展的内容与意义

(一)社会性及社会性发展的含义

社会性发展(又称为儿童社交化)指的是幼儿从原本的自然状态逐渐学会社会的道德规范和社会行为技能，逐渐融入社会的过程，经历这一过程，幼儿才能成长为一个社会成员。幼儿融入社会的过程主要发生在与个体、社会群体、儿童集体以及同伴的相互作用和影响中。

(二)社会性发展对儿童成长的重要意义

1. 社会性发展是儿童全面成长的重要组成部分，成为现代教育的首要目标

培养身心健康的个体是教育的根本目标。社会性发展是幼儿身心健康成长的重要组成部分，与体格发展和认知发展一同构成幼儿成长的三个主要方面。一个完美的人格对个体的智慧、能力发展以及在事业上的成功具有重要促进作用。个体的道德水平和社会交往能力等方面对于幼儿未来事业的成功具有重要影响。

2. 幼儿期是儿童社会性发展的关键时期，为未来发展奠定重要基础

幼儿期在整个生命周期的社会性发展中具有特别重要的地位。幼儿社会性发展是未来个体人格发展的重要基石，这个阶段的幼儿社会发展状况将直接影响到其未来人格发展的方向和水平。

二、幼儿人际关系的发展

(一)幼儿亲子关系的发展

亲子关系是指父母与他们的亲生子女、养子女或继子女之间的关系。亲子关系可以分为狭义和广义两种。狭义的亲子关系指的是幼儿早期与父母之间的情感关系，也就是依恋关系；广义的亲子关系则包括父母与子女之间的相互作用方式，也就是父母的教育态度和方式。

1. 依恋关系的形成

依恋是指婴儿追求并试图维持与另一个人之间亲密的身体和情感联系的倾向。依恋是幼儿与父母情感互动的结果，它是一种持续的关系和纽带。

2. 亲子关系类型对幼儿成长的影响

(1)民主型亲子关系：在这种类型的家庭中，父母与子女的关系一般都融洽，幼儿的独立性、自主性、自我控制、信心和探索性等方面的发展较好。

(2)专制型亲子关系：在这种类型的家庭中，孩子可能会变得顺从、缺乏活力、创造性受到抑制、缺乏主动性、情绪不稳定，甚至表现出神经质、不喜欢与同伴交往、焦虑、退缩、怀

疑，或者变得以自我为中心和胆大妄为，表现出与家庭和外部环境之间的不一致。

(3)放任型亲子关系：这种类型的家庭养育的孩子可能会养成懒惰、不能自理、胆小、自大、意志薄弱、缺乏独立性等不良品质。

3. 影响亲子关系的因素

婚姻关系、家庭结构、家庭规模以及孩子出生的顺序等因素都会直接或间接地影响亲子关系。

(二)幼儿同伴关系的发展

1. 幼儿同伴关系的发展阶段

(1)两岁前幼儿与同伴交往的特点

第一阶段：物体中心阶段，幼儿更关注玩具和物体，而不是其他幼儿。

第二阶段：简单的相互作用阶段，幼儿对同伴的行为作出反应，试图支配其他幼儿的行为。

第三阶段：互补的相互作用阶段，出现了更复杂的社交互动行为，对他人行为的模仿更加普遍，互动或互补的角色关系开始出现。

(2)在幼儿游戏中同伴关系的特点

幼儿游戏中的同伴关系发展具有以下特点：① 3 岁左右的幼儿主要进行非社交性的游戏，以独自游戏或平行游戏为主，彼此没有明显的互动；② 4 岁左右的幼儿开始更多地参与联系性游戏，这逐渐成为主要的游戏形式；③ 5 岁后，幼儿开始参与合作性游戏，同伴交往的主动性和协调性逐渐增强；④幼儿期的同伴交往主要以同性别的幼儿为主，随着年龄增长，这一趋势变得更加明显，女孩在同伴关系中的交往选择性更强，交往关系更稳定，女孩在游戏中的交往能力通常高于男孩。

2. 影响幼儿同伴关系发展的因素

(1)外貌：对于年幼的孩子，外貌是影响同伴关系的明显因素，幼儿更愿意与外貌漂亮、整洁的同伴一起玩耍，尤其是对女孩而言，同伴外貌显得更为重要。

(2)社交能力：幼儿在同伴交往中的社会行为是影响同伴接受程度的重要原因，孩子自身的主动性和社交能力是影响同伴关系的主要因素。

3. 学前期存在同伴关系问题的幼儿

存在同伴关系问题的幼儿可以分为两种类型：被忽视的幼儿和被排斥的幼儿。帮助这些幼儿解决同伴关系问题的方法包括：首先，帮助他们了解受欢迎的同伴的特点以及自己存在的问题，并教会他们如何与伙伴友好相处。其次，教师应引导其他幼儿发现这些幼儿的优点，及时给予鼓励和表扬，提高这些幼儿在同伴中的地位，通过有效的教育活动促进幼儿之间的交往，改善同伴关系①。

三、幼儿性别角色行为的发展

(一)性别差异

1. 身体、动作和感觉的发展方面

女孩在出生时身体和神经方面较为成熟，较早学会行走，青

① 杜才飞，武元丽，吕苹．混龄走班游戏中无结构小组对幼儿同伴交往的影响[J]. 学前教育研究，2020(04)：73－84.

春期也会提前到来。男孩则在出生时肌肉发展较为成熟，心肺功能较强，对疼痛的敏感性较低。随着年龄增长，男孩在需要力量和大动作技能的活动中表现出优势。

2. 认知发展方面

在幼儿期，女孩在语言能力方面具有优势，这种优势在中学阶段显著增强，包括在词汇量、阅读理解和语言创造方面的表现。

3. 社会性和情绪性发展方面

男孩更容易表现出攻击性行为，这一特征在早期社交游戏中比较显著。

4. 特殊发展方面

男孩更容易出现学习问题、阅读困难、语言障碍和情绪问题。

(二)性别角色与性别行为

性别角色是社会对男性和女性行为的期望，而男女性别差异是由遗传决定的。家庭和社会环境塑造了幼儿的性别角色和性别行为。

(三)幼儿性别行为的发展

幼儿早期已经显示出一些性别差异，尤其在他们的游戏活动中明显可见。随着年龄的增长，这些差异会不断变化，表现出更为明显的个性特征。

(四)影响幼儿性别角色行为的因素

生物因素主要包括性激素和大脑功能分化的影响。父母的行为对幼儿性别角色和性别行为有引导、模仿和强化的作用。

(五)男女双性化与教育

男女双性化是指一个人同时具备男性和女性的心理特征。这种特征包括自信、事业成功、为家庭和自己的信仰奋斗(男性特征)以及温和、文雅、愿意奉献(女性特征)。男女双性化理论强调应该从幼儿早期开始进行无性别歧视的儿童教育，适度淡化幼儿的性别角色和性别行为，有助于塑造男女双性化的个性。

四、幼儿亲社会行为的发展

亲社会行为指的是一个人愿意帮助或有意愿帮助他人或群体的行为和倾向，包括分享、合作、谦让、援助等。亲社会行为的发展是幼儿道德发展的核心问题，对幼儿的发展具有重要影响。

(一)亲社会行为的形成

移情，即从他人的角度思考问题，是亲社会行为的基础动力和动机。移情的作用表现在以下方面：①移情有助于幼儿摆脱自我中心，培养利他主义思维，从而产生亲社会行为；②移情能够引发幼儿的情感共鸣，以培养其同情心和羞愧感。

影响幼儿移情能力发展的因素包括家庭教育方式和同伴交往中的认知冲突，这些因素积极促进了孩子移情能力的培养。

(二)幼儿亲社会行为的特点

亲社会倾向在幼儿出生后的第一年就开始显现，例如对他人的困境表现出同情或哭泣反应。研究发现，1 岁半的幼儿常常会在玩具或物品上表现出分享的行为，而且这种分享行为无需鼓励、引导或奖励。1 岁半左右的幼儿不仅会接近那些需要帮助的人，还会主动提供帮助。

幼儿的均分观念主要在亲社会行为中占据主导地位。在 4—5 岁时，分享观念增强，孩子们开始均分；而在 5—6 岁时，分享水平提高，其表现为更多的慷慨行为。这种现象在幼儿和同伴交往中也明显可见。

(三)影响幼儿亲社会行为的因素

1. 社会生活环境

宏观社会环境通过幼儿具体生活环境产生影响，因为幼儿生活在具体的家庭和同伴环境中，社会文化和媒体等对亲社会行为有重要影响。

2. 幼儿日常的生活环境

(1)家庭的影响。家庭教育方式在亲社会行为形成过程中发挥关键作用。父母的表率作用和教养方式对孩子的亲社会行为能产生深远的影响。

(2)同伴的相互作用。同伴关系中的认知冲突对孩子的移情能力发展能起到积极的推动作用。

3. 移情

不论是社会生活环境还是具体生活环境的影响，最终都需要通过幼儿的移情来产生作用。移情是引发亲社会行为的根本内在因素。

五、幼儿攻击性行为的发展

(一)幼儿攻击性行为发展的特点

幼儿攻击性行为指的是有意伤害他人或损坏物品的行为，这种行为虽然不受欢迎但却经常出现。

1. 攻击性行为的种类

攻击性行为可分为反应性攻击性行为和主动性攻击性行为。反应性攻击性行为表现为愤怒或发脾气，情绪失去控制；而主动性攻击性行为包括争夺物品、欺凌他人或控制同伴。

2. 攻击性行为的特点

幼儿攻击性行为频繁出现，主要表现为因争夺玩具或其他物品而争吵、打斗，行为更多的是破坏物品或直接争夺；攻击性行为主要依赖身体上的攻击，而不是言语上的攻击；男孩通常比女孩表现出更多的攻击性行为。①

(二)影响幼儿攻击性行为的因素

1. 父母的惩罚

父母的惩罚对攻击性幼儿和非攻击性幼儿产生不同的影响。对非攻击性幼儿，惩罚可以抑制其攻击性行为，但对攻击性幼儿则可能增加其攻击性行为。

2. 榜样

媒体中的攻击性行为榜样可能会增加幼儿未来的攻击性行为，尤其是对同伴的态度产生影响。因此，教师、家长应关注为幼儿提供正向信息，规避含有攻击性行为的媒介信息。

3. 强化

幼儿如果在攻击性行为中取得成功，会增加和加强其以后的攻击性行为。因此，教师、家长如果发现孩子出现攻击性行为应及时予以批评指正。

---

① 卢长娥，Roxanne Fillmore，王勇．幼儿自尊与攻击性行为的特点及其关系[J].学前教育研究，2016(04)：56—63.

4．挫折

攻击性行为的主要诱因是挫折。家长或教师的不公正对待是幼儿产生挫折的主要原因之一。

六、学前期独生子女社会性的发展

(一)学前期独生子女社会性发展的特点

研究发现，独生子女和非独生子女的社会性发展没有明显差异。然而，独生子女社会性发展可能存在两极分化现象。

(二)学前期独生子女社会性中的突出问题

目前，我国的独生子女普遍存在一些问题，如任性、依赖性强、自私、不合群、胆小等，这给幼儿教育和其他阶段的教育带来了挑战。

(三)学前期独生子女社会性问题产生的原因

形成独生子女社会性问题的主要原因是家庭的教养态度和方式，独生子女家庭中典型的教养方式通常是溺爱和过分保护。

(四)影响学前期独生子女社会性发展的教育

1．家庭教育

在独生子女的家庭教育中，应特别关注以下几个方面：

(1)鼓励孩子独立，支持他们做力所能及的事情，培养其独立性。

(2)为孩子创造社交机会，给予他们足够的自由，培养其创造力。

(3)教导孩子行为规范和限制，培养其规则意识。

(4)培养孩子的同情心，教导孩子适当的情感表达和社交技能。

2. 幼儿园集体教育

幼儿园是儿童社会化的重要场所，集体生活环境有助于社会性的发展。因此，幼儿园应有计划、有目标地与家庭合作，对幼儿进行社会性教育，促进其与同伴互动，培养其社交技能，注重其个性教育，以促进独生子女的健康发展。

第四章

幼儿教育理论概略

第一节　陶行知的教育理论

陶行知是中国现代史上杰出的人民教育家，为我国教育现代化做出了开创性的贡献。郭沫若曾评价陶行知：“两千年前的孔仲尼，两千年后的陶行知。”美国东南联合大学副校长布莱恩·库朋也高度评价陶行知的教育思想，认为陶行知的教育思想不仅在中华民族教育史上独具特色，在世界教育领域也独树一帜。尽管历经岁月沧桑，陶行知的教育思想和理论至今仍然具有深刻的教育价值，对我国当前的教育改革具有重要的启示和指导作用。[①] 本篇将为您介绍陶行知教育理论的核心要点，深入探讨陶行知的思想，回顾他的精神传承。

一、一个理论、三大原理、四种精神、五大主张

陶行知教育思想的精髓可以概括为一个理论、三大原理、四种精神、五大主张。

一个理论即生活教育理论，是陶行知教育思想的核心。

三大原理指生活即教育、社会即学校、教学做合一。

四种精神具体如下：

(1)“爱满天下”的大爱精神。

(2)“捧着一颗心来，不带半根草去”的奉献精神。

(3)“敢探未发明的新理，敢入未开化的边疆”的创造精神。

---

① 龚光军．陶行知教育思想及其当代价值研究[M]．成都：西南交通大学出版社，2018.

(4)“千教万教教人求真，千学万学学做真人”的求真精神。

五大主张具体如下：

(1)行是知之始。实践是知识的源泉，陶行知强调实践是认知的基础。

(2)在劳力上劳心。强调融合动手和思考，在实际行动中积累理论。

(3)以教人者教己。教师与学生相互影响，共同成长。

(4)即知即传。主张教学与学习同步进行。

(5)“六大解放”：通过解放儿童的头脑、双手、嘴巴、眼睛、时间和空间，促使儿童充分发挥创造力。

“六大解放”是陶行知创新教育思想和民主教育思想的反映，也可以理解为生活教育理论的教学原则。

二、新教育、新学校、新教师、新学生

陶行知早在一个世纪前，就结合中国的实际情况，提出了“新教育”的理念，主张通过改革教育体制，实现“新教育”、新学校、新教师、新学生的构想。

(一)新教育

1.“新教育”的标准

陶行知认为，判断教育是否符合“新教育”的标准有三个要点：首先是“自新”，即根据实际情况，自主进行教育改革；其次是“常新”，教育改革和探索应该持续不断，经常更新；最后是“全新”，包括形式和思想上的全面改进，而不仅是教育形式和内容的改革，必须对教育的各个要素进行革新。

2. 新教育的目的

陶行知提出，“新教育”的主要目标是培养“自主”“自立”和“自觉”的国民。其中，“自主”意味着有主见，能对自己的行为负责；“自立”意味着能够自己养活自己，不依赖他人；“自觉”意味着主动、内在的愿望，以及对生活的积极参与。

3. 新教育的功能

陶行知认为，教育必须具备四大功能：改善个人的天性、培养团队协作的习惯、传承卓越的文化、激发教师的事业热情。这样，教师才能感到从事教育事业是崇高的，师范院校应培养出具备正确职业观念的教育者。

(二)新学校

1. 新学校的定位

陶行知认为，理想的新学校应以生活为核心，不仅关注课本上的学习，还要让师生共同生活，互相影响，以健康作为教育的出发点。教育工作者要不断学习，学校应与社会生活紧密联系，共同创建美好的校园环境，培养高尚的生活精神。

2. 新学校要以学生的发展为本

陶行知强调的“以学生发展为本”不仅是口号，还应实际贯彻。他认为，学校的标准不在于校舍和设备等外在条件，而在于学生是否充满活力。

3. 家长的角色

陶行知认为，衡量学校是否符合“新学校”的标准是家长是否真心愿意把子女送到这所学校学习。新学校要欢迎家长参观并接受外部评价和批评。

(三)新学生

1.“学生”的含义

陶行知解释，“学”意味着自己去学，而不仅是被动接受教育；“生”表示生活和生存。结合在一起，“学生”指的是主动学会生活、学会生存、学习人生之道的个体。

2. 生活是学习过程

陶行知强调，学生每一天的生活都是学习的过程，无论是课堂还是校外活动，甚至回到家里的日常生活，都是孩子成长的不可或缺的部分，都是他们自我完善的机会。

3.“新学生”应当具备三个要素

为成为“新学生”，陶行知认为需要具备健康的身体、独立的思想和独立的职业意识。这包括注重身体健康，拥有独立思考和判断的能力，以及能够找到兴趣和职业关联的能力，而不是仅仅根据考试成绩选择职业。

4. 培养学生的自治能力

陶行知指出，学校应着力培养学生的自治能力，包括班级和学校全体学生的参与、自我管理和模仿社会化的环境，以锻炼学生的自治能力。他认为，学校应将学生自治视为一项重要任务，并认真研究和实践。

(四)新教师

1. 新教师的角色

陶行知强调，新教师的关键不在于传授知识，而在于引导学生如何学习。他认为，教育者应具备信仰心、责任心、同理心，同时具备创新精神和实验精神。

2. 信仰心

教师应树立信念，认为教育事业至上，不追求名誉和物质利益，专注于提供优质教育。他强调教育的快乐在于培养学生的智慧、品德和成就。

3. 责任心

教师的责任是激发学生的兴趣，开启主动探索之旅，通过学问和督促来塑造学生的成长。

4. 同理心

教师应理解学生的需求和能力，以学生为中心，共情和尊重学生的情感和思维。

5. 开拓精神和试验精神

教育工作者应勇于创新和探索，敢于尝试新方法，为学生提供更好的教育。陶行知认为，一流的教育家应积极探索新理念，勇敢涉足未知的领域，促进教育的均衡发展。

第二节 陈鹤琴的教育理论

我国杰出的教育家陈鹤琴先生在20世纪40年代提出并实践了“活教育”理念，这构成了他教育思想的核心。这一思想的形成既是对陈鹤琴长期教育实践的总结，也是中西文化与教育思想的交融。陈鹤琴的“活教育”理论可以分为目的论、课程论和方法论三个主要方面。这一理论不仅反映了对封建传统的反思，还吸收了国外文化教育的经验。

一、“活教育”的目的论

陈鹤琴强调：“‘活教育’的目标是培养一个完整的人，一个有中国文化底蕴的现代中国人。”换言之，他所提倡的“活教育”旨在培养“做人，做中国人，做现代中国人”的综合素养。具体而言，这包括以下几个方面的条件，以培养出“现代中国人”：

一是拥有健康的体魄。陈鹤琴认为，年轻一代的中国人必须保持健康的身体，才能胜任社会和国家的重任。他指出，国外一直强调身体健康的重要性，例如，美国将身体健康列为学校培养的首要目标。他认为中国人只有不断提高体育素质，才能避免再被贴上“东亚病夫”的标签。

二是具备建设能力。他认为，现代中国急需大量致力于建设事业的人才，这个过程应从学校学生培养开始。他强调，学校应该培养学生从事各种建设工作的能力，大一点的事可以包括校园的开发、农场的耕种，工厂和图书馆的建设；小一点的事可以包括道路修建、家具维修、墙壁粉刷、环境布置等。如果学校内的任何物品损坏了，学生应该亲自修复，如果有缺陷，他们应该自行弥补。以前，学生的建设能力相对较弱，现在我们应特别注重培养这方面的能力，以满足国家发展的需要。

三是具备创造力。他认为，国家的发展需要国民的创造力。他说："到目前为止，我们急需培养儿童的创造力。"他列举了苏联和英国等国强调培养儿童创造力的实例，呼吁我国在教育和教学中加强对儿童创造力的培养，进行适度的训练。

四是具备团队合作的精神。陈鹤琴指出，外国人非常重视集体合作，他们的团队合作精神值得我们学习。我们必须从小培养学生的合作能力和团结精神。

五是具备服务精神。他认为，我们培养的儿童应当明白为人民服务的重要性，将国家前途和民族生存视为自己的使命。

二、"活教育"的课程论

陈鹤琴指出："大自然、大社会是知识的主要源泉，'活教育'的课程是要把大自然、大社会作为课程，让学生在大自然、大社会中学习。"他还说："从书本上能吸收的知识是死的，是间接的知识；而从大自然与大社会中获得的知识是活的，是直接的经验。"

三、"活教育"的方法论

陈鹤琴指出："'活教育'的教学方法有一个核心原则，即'通过做来教，通过做来学，通过做来进步。'"他强调，在教学中应注重儿童的直接经验积累，教师应积极鼓励儿童进行实践，获得直接的经验。他认为，“活教育”的教学应侧重户外活动，注重生活体验，以实物作为研究对象，以书本作为辅助参考。他认为，儿童通过形成直接经验，不仅提高了思维能力，也培养了他们的“主动研究”精神。陈鹤琴所称的“主动研究”精神，正是他目的论中所提到的创造力，他认为这是现代中国人应具备的品质。[①]

① 江苏省陈鹤琴教育思想研究会．陈鹤琴教育思想研究文集：纪念陈鹤琴先生诞辰130周年(理论篇、实践篇)[M]．南京：南京师范大学出版社，2022.

第三节　张雪门的教育理论

张雪门是与陈鹤琴同时代的杰出的幼儿教育家。他长期从事幼儿教育工作，将中国文化、国外幼教理论和发展趋势有机融合，创立了“行为课程”模式，体现了独特而系统的幼儿教育理念。张雪门一生致力于本土实践和研究，为中国幼儿教育理论的建立和丰富做出了卓越贡献。

张雪门的幼儿园行为课程理论的核心思想是“行为即课程”，着重通过幼儿的实际行为，让他们获得直接经验。同时，他要求根据幼儿的能力、兴趣和需求来组织教学，提倡采用单元设计的教学方法，打破学科间的界限。尽管这种课程理论在学校教育的一般规范下存在争议，但对于学前儿童的教育有着明显的积极意义。在幼稚师范教育(学前师范教育)方面，张雪门认为仅仅研究幼儿园教育是不够的，也需要关注幼儿师范教育(学前师范教育)。他强调应重视实践，一开始就将见习和实习视为至关重要的组成部分。

一、幼师生的实习场所

张雪门提出，幼师生的实习应包括以下四个场所：

(一)中心幼儿园

这是供幼师生获取实践经验的关键实习基地。中心幼儿园的教师不仅是幼儿的老师，还是幼师生的导师。通过在中心园的实践，幼师生可以奠定学习幼儿教育、从事幼儿教育工作、热爱幼儿教育事业的基础。

(二)平民幼儿园

这是幼师生第二学年实践的主要场所。在这些平民幼儿园里，幼师生首先从借用正规幼儿园的设施开始实习。然后，他们进行社会调查，宣传动员经济贫困的家庭将孩子送到幼儿园接受免费教育。在幼儿入园后，幼师生应轮流担任园长、教师、会计、采购等职务。这种实习经历能培养他们独立从事幼儿园各项工作的能力。

(三)婴儿教保园

香山慈幼院的婴儿教保园收养从出生到四周岁的幼儿，规模大，设施完备，注重婴儿的保健、营养和教育。在这里，幼师生通过实习可以了解婴幼儿的身心特点，以及婴儿保育的基本知识。

(四)小学

在小学进行参观和实习可以帮助幼师生更深入地了解如何为幼儿入学前的知识、行为、兴趣和态度等方面做好准备，为他们顺利入学打下坚实的基础。除了以上这些实习和见习场所，他还主张组织学生到农村创办乡村幼儿园，以了解农村急需幼儿教育的情况，以此深化学生对幼儿教育社会价值的理解，坚定其为幼儿教育事业贡献力量的决心。

二、幼儿园行为课程的组织

张雪门认为，幼儿园课程的组织与小学、中学和大学各级学校的课程不同，具有独特性和个性要求。因此，在编制幼儿园课程时需要注意以下三个方面：

(一)整体性

儿童在了解和看待事物时通常从整体出发，因此课程的设计不应过于细化和系统化，以免让儿童失去兴趣。

(二)社会需求和个体需求兼顾

课程编制时应考虑社会需求和个体需求的平衡。

(三)以儿童经验为基础

幼儿园的课程应根据幼儿的直接经验进行编制。

行为课程的核心理念是以行为为中心，以设计为过程。行为课程的教学方法强调以活动为主导，以行为为核心。教师在课程开始前要做好准备，包括准备教材、布置环境、制订计划；在课程进行中，教师应随时巡视和指导，注重引导幼儿在实践中形成守法、友善互助等基本习惯；课程结束后，评价和反思也是重要的一环，教师可以通过评价了解幼儿在知识、思维、习惯、技能、态度、理想和兴趣等方面的表现，以便改进教学。课程的选择应根据教育宗旨、政策、社会需求和幼儿的能力进行配合。

第四节　张宗麟的教育理论

张宗麟(1899—1976)是我国杰出的儿童教育专家。1925年，他毕业于东南大学教育系，与陈鹤琴合作创办了南京鼓楼幼儿园，成为我国第一位男性幼儿园教师。此外，他还曾与陈鹤琴共同从事幼儿园课程和设施的研究工作，创建了《幼稚教育》月刊，发起并成立了幼儿园教育研究会等。

一、幼儿教育的地位和作用

张宗麟的教育理论强调幼儿教育的地位和作用。他提出四个观点：第一，值得强调的是幼儿园教育对于个体生命的意义非常重要；第二，幼儿园教育为国家和社会的长远发展奠定了基础；第三，幼儿园教育在整个学制中具有重要地位；第四，幼儿园教育与家庭密切相关，对于家庭的健康发展至关重要。

二、幼儿园课程

张宗麟十分关注幼儿园课程的发展趋势，他认为课程应以幼儿的全面发展为目标。

(一)幼儿园课程的含义及分类

张宗麟认为："幼儿园的课程，广义而言，指的是幼儿在幼儿园内的一切活动。"这包括了"各种教材、学科以及幼儿的各类活动"。按照他的观点，幼儿园课程可以按照幼儿的活动性质分为五个方面：

1. 初始活动

初始活动是幼儿入园后必须养成的习惯，如适应环境、认识老师和同学，以及初步的礼节等。

2. 身体活动

包括健康和体能方面的习惯和技能，如卫生习惯、行走、奔跑和跳跃等。

3. 家庭活动

反映家庭生活和关系的活动，包括模拟家务游戏等。

4. 社会活动

即养成公民素质的教育活动，包括庆祝和互动活动，以及与同伴互动等。

5. 技巧活动

是培养儿童适当表现的活动，也是涉及幼儿自我表达的活动，如手工和绘画等。

这种分类方法是按学科划分，包括音乐、游戏、手工和自然等学科。不论采用何种分类方式，教师都应该不拘一格，灵活地安排每日的幼儿活动，除了午餐和午休之外，不必强调固定的时间表，但教师应在活动安排上有明确的计划。① 某时期如何活动，教师必须胸有成竹。

(二)社会化的幼儿园课程

张宗麟提出了社会化课程的几个主要领域：生活卫生、家庭和社会设施以及名胜古迹等；日常礼仪的学习和实践；节庆和纪

---

① 喻本伐，郑刚．中国幼稚教育名家思想研究丛书[M]．上海：华东师范大学出版社，2020.

念日活动；身体认知和基本卫生习惯；健康和个人卫生习惯；认识国旗、党旗以及国家领导人的活动；各类集会和社团活动。

为了更好地促进幼儿的社会性发展，张宗麟强调了以下几点：

(1)注重培养幼儿互助和合作的精神。

互助是无条件的，回报不一定是即时的或直接的，而合作则是有条件的。

(2)培养幼儿对他人的爱和怜悯之情。

爱是双方互动的，可以激发被爱者的力量和培养他们的能力，如教师和学生之间的爱。怜悯则是单向的，如富人对穷人的施舍。从教育角度看，前者比后者更积极，但两者都不是自私自利的。

(3)培养幼儿关心他人的思维方式。

张宗麟指出，幼儿对他人的关注程度通常较低，他们在活动中常常只关心自己，因此，需要教育幼儿在活动中关注他人。此外，教育过程中，幼儿还应该了解生活中各种物品的来源，懂得尊重劳动者。

三、幼儿园教师的培养

张宗麟十分重视对幼儿教师的培养。

(一)幼儿园教师的任务和要求

根据张宗麟的观点，由于幼儿的身心发展特点，幼儿园教师的任务实际上比小学教师更加重要，包括：照顾幼儿的基本生活需求；促进幼儿的身体发展；培养幼儿良好的习惯；培养幼儿的知识和技能；与家庭合作，改善家庭教育；对幼儿的观察和研究，尤其是对幼儿的照顾应是首要任务。鉴于幼儿园教师任务的重要性，张宗麟提出了一些具体的要求：

第一，教师应对社会持有积极态度，认识到幼儿园教师在社会上是一种光荣的职业，能为大多数幼儿谋取幸福。教师应对所有幼儿一视同仁，并积极参与社会，帮助农村妇女、工厂女工、贫困家庭和其他需要帮助的母亲照顾幼儿。

第二，教师应具备多项技能，包括沟通能力、演讲技巧、数学能力、组织合作社能力、书信写作技巧、文件处理技能、医疗常识、手工和日常工作技能、待客技巧、了解地方风俗、动手能力，并且愿意长期从事幼儿教育工作以造福社会等。

(二)培养专业人才

张宗麟特别强调，需要建立幼儿教师培训学校，为培养专业的学前教育师资队伍创造条件。他指出："因为幼儿在身体和智力方面都与入学儿童不同，所以教育方法也应不同……受过专业培训的幼儿教师才能胜任教育工作。"另外，他强调幼儿教师这一职业并非专属于女性，应该鼓励男性加入这一职业。

第五节　瑞吉欧教育思想

瑞吉欧是意大利东北部的一座城市，以其独特的幼儿教育体系闻名于世。这个教育体系被称为“瑞吉欧教育”，它强调儿童在教育过程中的中心地位以及教师、家长和社区的共同参与。瑞吉欧教育理念认为，幼儿是具有主动性和创造性的个体，他们可以通过与周围环境的互动来学习和成长。因此，教师和家长需要支持和引导幼儿的发展，而不是简单地传授知识和技能。瑞吉欧教育对世界各地的幼儿教育产生了深远的影响。它启发了许多幼儿教育改革运动，并成为许多国家制定幼儿教育政策的基础。此外，瑞吉欧教育也成了许多幼儿教师和研究人员的参考和借鉴对象。

一、“儿童的一百种语言”的起源

（一）从瑞吉欧幼儿学校的起源说起

“我们渴望建立一所属于我们的学校，不休息，甚至包括晚上和周末。土地是一个慷慨的农场主捐赠的，建筑材料取自被炸毁的房屋，泥土则来自附近的河流。所有的工作都是志愿者自愿完成的。”这段回忆来自瑞吉欧幼儿学校的核心人物马拉古兹。瑞吉欧人的这种艰苦创业精神着实令人感动。

1945 年春天，也就是第二次世界大战结束的第六天，位于艾米利亚镇下的一个小村庄的妇女团体决定共同努力，自力更生，建立一所幼儿学校。他们唯一的财产是德国军队留下的一辆废弃坦克、一些卡车和马匹。这些物品被售卖，经过八个月的艰苦努力，他们建成了以“坦克”命名的幼儿学校。在此期间，马拉古兹结识了一群充满热情的家长，他们此后共同努力，成为瑞吉欧教育的灵魂。

(二)从展览本身看瑞吉欧教育对儿童的热爱

自 1987 年起，瑞吉欧学校系统在欧美国家举办巡回展览，展出内容主要是幼儿的艺术作品。幼儿通过自己的艺术创作展示他们的思想和内心世界，艺术作品成为幼儿独特的表达方式。这些作品都未经修饰，都是幼儿在教育过程中自主创作的。

最初的展览名为“窥探角落中的眼睛”，这象征着幼儿心灵中的一些隐秘之处，这些通常被忽视，但我们从中可以看到更多的真善美。它也象征了对儿童教育的重新思考，幼儿教师应真正理解幼儿的内心，为他们提供适宜的教育。

自 1987 年在美国纽约开始，展览改名为“儿童的一百种语言”。尽管幼儿无法像成人一样运用成熟的语言，但他们表达自己和对世界的认知方式却是独特的。这一深刻含义表现在人们对儿童权利、特点和精神世界的承认上。① 这一展览展示了一种新的儿童观，强调儿童拥有一百种语言，正如瑞吉欧教育创始人马拉古兹在诗《不，一百种在那里》中所写：“孩子，是由一百种组成的。孩子有一百种语言，一百双手，一百个想法，一百种思考、游戏、说话的方式。”

---

① 卡洛琳·爱德华兹. 儿童的一百种语言[M]. 南京：南京师范大学出版社，2014.

二、瑞吉欧学校环境概况

(一)广场

瑞吉欧教育环境的一个显著特点是在社区和学校中心都有广场，为家长、幼儿、社区和参观者提供了交流的中心场所。广场最大限度地利用自然光线，还有适合家长和幼儿的游泳设施，传达了对幼儿和家庭的尊重，并提供了多种可能性。广场上的材料质量也使幼儿能够注意到并回应环境的独特之处。每个幼儿园都拥有自己的广场，教室与广场相通，通过透明的墙壁将室内与室外无缝连接。广场不仅是活动的场所，也是创意的源泉。

(二)长廊

在瑞吉欧教育环境中，特别注重校门口的展示长廊。学校入口处摆满了幼儿游戏时的照片、家长在理事会上的照片以及教师和员工的照片。进入校园后，到处都展示着幼儿的作品，包括泥塑、绘画、活动记录和录像记录，使人感受到这里是幼儿的乐园。长廊的展示是幼儿和教师们共同完成的，可以吸引幼儿、教师、家长、同事和其他访客的关注。所有人都可以通过长廊上的各种展示了解发生在这里的所有故事。

(三)教室

瑞吉欧教室的设计突破了传统的封闭和单调，更注重温馨、活泼和开放的氛围。教室内设有屏风、布帘和帐篷等分隔空间，允许幼儿自由地选择区域，以适应他们自己的兴趣和需求。室内铺有地毯，摆放着许多枕头，供幼儿爬行和休息使用。

(四)艺术工作室

瑞吉欧幼儿园拥有专门的艺术工作室，供幼儿探索和创造。孩子们在艺术工作室使用各种材料进行创作。在冬天，孩子们玩雪后会返回室内，大型艺术工作室里传出欢声笑语。在长期的主题活动中，幼儿们总是自由地在艺术工作室进行创作。这个工作室提供了丰富的材料和资源，有宽敞的桌子、小椅子和专为艺术教师设计的高桌子。大型艺术工作室还有大量的物品和材料，它们都有助于激发孩子的创造力，室内有充足的自然光线。[①]

(五)教学设施

在瑞吉欧的教室和艺术工作室中，配备了色彩鲜艳、形状可爱的桌椅等教学用具。学校还提供了专门的图书资料供幼儿查阅。幼儿园的活动材料主要是半成品和自然材料，很少采用成品材料。材料大多来自自然和日常生活，幼儿可以充分发挥创造力。

(六)活动空间

活动空间的设计旨在让幼儿在小组中倾听他人并被倾听，同时为教师提供更多机会，设计具有建设性的探索和活动环境。这种设计既满足了幼儿的社交需求，又考虑到了幼儿个别休息和私密性的需要。幼儿可以在广场上进行开放、自由的活动，也可以在自己的工作坊内进行思考和创作。

---

① 黄小奇，宋慧，李青彦．家长参与幼儿园课程建设的路径探析——基于瑞吉欧经验的启示[J]．教育观察，2023，12(12)：22—25.

三、瑞吉欧环境创设的原则

(一)教育性原则

瑞吉欧教育强调环境在教育中的作用，侧重于幼儿通过对环境的理解和运用来创造意义。他们相信幼儿有能力在丰富的环境中创造意义，不仅局限于传统的课程或学习环境。

(二)家庭社区性原则

瑞吉欧教育非常注重公众的参与和社区的合作，认为幼儿园教育是一项需要多方共同参与的公共事业。

(三)动态性原则

瑞吉欧幼儿园的环境不是静止不变的，而是需要定期评估和调整的。教育工作者定期评估现有的空间和时间，根据幼儿的活动需求进行相应的修改。

(四)整体性原则

瑞吉欧教育强调学校内外的联系，认为幼儿园是一个小型的社会，幼儿通过它能够感知外部世界。因此，他们的环境设计体现了与自然一致的整体性原则。

四、瑞吉欧环境创设的特点

(一)瑞吉欧环境创设的价值取向

(1)赋予幼儿园环境生命，让环境具有活力，从而激发幼儿的活力和生命力。

(2)创造充满挑战的环境，激发幼儿的创造力和灵性。

(3)让幼儿在共同体中找到自己的位置，建立对社区的认同感。

(4)将环境打造成沟通和教学的桥梁，促进幼儿之间和教育者之间的互动。

(二)瑞吉欧幼儿园的环境特点

1. 一切环境设计以幼儿为中心

在瑞吉欧幼儿园，每一个环境元素都是以幼儿为核心精心设计的。教室的墙壁全部采用玻璃制作，将室内和室外的花园融为一体，最大限度地利用自然光线，让幼儿在室内也能感受到自然的宁静。所有的空间和建筑设施都根据幼儿的生理结构来设计，窗台恰到好处地让幼儿能触及，文化墙与幼儿的视线平行，甚至在环境设计和规则制定中，也积极引入了幼儿的参与。在幼儿园的入口处，挂着由 5 岁幼儿制作的海报，上面写着“儿童的权利”，其中包括：“儿童有交朋友的权利，否则儿童无法快乐地成长；儿童有生活在和平安详中的权利……如果儿童不知道，他们就有犯错误的权利，因为只有在犯错后儿童才能认识到问题。”

2. 瑞吉欧幼儿园环境与社区融为一体，具有互动性和交往性

瑞吉欧幼儿园与社区融合得天衣无缝，幼儿园和街区之间没有明显的界线，只有低矮的栅栏或绿色植物分隔。儿童的幼儿园生活与社交生活无缝衔接，幼儿园内部的建筑设计注重通透性，一进校门便可清晰地看到各个班级的活动室，不同班级活动室之间的墙壁都是透明的，儿童随时都能看到外界，与外界互动交流能满足他们的好奇心。这种开放性的物质空间设计赋予瑞吉欧幼儿园的环境互动性和交往性。幼儿园布局以广场为核心，呈辐射状分布。每个班级都拥有自己的活动室和工作坊，由一条透明的

长廊连接，广场是所有幼儿共享的空间，可供创作、休憩、聊天或冥想。长廊和广场上陈列着幼儿的作品，这里是幼儿们讨论和辩论的场所，广场成为教室的延伸，是各种创意孕育和发散之地。瑞吉欧的环境设计兼顾了公共性和幼儿独处的需求，每个班级的活动室都划分为多个区域，部分区域提供了隐蔽性，满足了个别幼儿独处和休息的需要。

3. 瑞吉欧幼儿园环境与幼儿的生活建立联系

在瑞吉欧幼儿园，将个人与他们的生活环境相联系被视为学习过程中至关重要的一部分，这是为教师们所积极鼓励的。教师解释说："我们相信孩子有能力建立与他们的世界之间的联系，他们与松果和小树枝互动，就像这些物体具有个性一样。对于孩子们来说，这是很自然的事情。这些物体是他们日常生活中的有生命的一部分，是他们故事中的角色。他们的个人关系赋予了他们的学习和参与自己的世界更多的意义。"

第六节　华德福教育思想

华德福教育是一种以人为本的教育理念和方法，强调在幼儿发展的各个阶段，通过自然、艺术和手工艺等方式，促进幼儿的全面发展和自我实现。华德福教育的核心理念是尊重自然和人的本性。[①] 它认为，幼儿的发展有其自身的规律和特点，应该尊重幼儿的个性和兴趣，通过灵活多样的教学方式和手段，激发幼儿的创造力和想象力。华德福教育在全球范围内得到了广泛的认可和推广。它已经成为许多国家和地区的教育改革和教育政策的重要参考。同时，华德福教育也成为许多家长、教师和教育机构所推崇的教育理念和方法。

一、华德福课程的目标

华德福教育的终极追求是实现个体的自由发展，构筑健康和谐的社会。个体的发展在幼儿时期，也就是斯坦纳七年发展周期理论中的第一阶段，主要集中在身体的成长任务，包括运动神经的发展和体态的变化等方面。华德福幼儿教育也强调幼儿智力、艺术和道德的平衡发展，尤其注重培养幼儿的想象力和创造力，强调通过滋养幼儿的内心来推动其全面成长。

具体而言，华德福幼儿教育的目标在于促进幼儿健康的身体、敏感的情感、社会互动能力、丰富的想象力和智力发展，帮

① A. C. 哈伍德. 童年密码：从理论到实践，探看华德福教育[M]. 成都：西南交通大学出版社，2020.

助幼儿追求有意义的抱负和理想，特别是对真、善、美的坚定追求。

华德福课程可以细分为七个方面：运动与身体感知、器官感觉、语言、想象力与创造力、社交能力、目标与注意力、正确与错误的觉知。教师的任务是唤醒每个幼儿的潜能，允许他们自由表达和发展个性，以便他们在成年后不会迷失生活方向，而是继续寻求真善美。感恩是幼儿期真善美教育的核心目标。

为实现对真善美的追求，华德福幼儿教育极其重视儿童的想象力和创造性发展。这在课程的材料、方法和内容等方面都有所体现。

除了使用一些天然材料，华德福学校还提供了一些特殊的玩具，它们被统称为“未完成的玩具”。这些玩具很简单，例如娃娃只有极简单的特征，没有表情，也不过多装饰；教师在讲故事时会使用平和的语调和语气，将想象的空间留给孩子；孩子们经常进行创意丰富的活动，如手工制作、布偶戏、蜂蜡塑形、故事表演等；教师的教学通常采用拟人化方法，避免简单的授课和灌输，而是为教学内容注入生命和情感，让孩子们在其中体验情感和寓意，培养深层次的想象力。①

“眼要看，耳要听，脚要走，手要握。但同样，心需要信任和爱，精神需要思考。每个人的天赋中都蕴含着一个动机，即从无生命和不完善的状态中不断获取力量，这种动机只有经过教育，才能从发芽到茁壮成长，否则只是一个潜在的力量，尚未在我们内心充分展现出来。”瑞士平民教育之父裴斯泰洛齐这样说。

① 朱娅婷．华德福的家庭教育理念及其启示[J]．教育观察，2021，10(32)：115－117，124.

这是华德福教育独特的教育准则。

二、华德福课程的内容

(一)重视艺术活动传统的教学

艺术活动可以激发幼儿的情感和想象力，为其提供精神营养，使其内心世界更加丰富。艺术活动不仅涉及现代知识体系，还培养情感和情绪。艺术教育可以丰富幼儿的感知和感情，使其自发地表达内心情感。纽约福格艺术博物馆绘画馆馆长和哈佛大学美术教授康拉德评价华德福教育时表示："我认为这并不是夸张：世界上没有其他教育体系像史代纳教育运动那样如此重视艺术的中心作用……史代纳教育运动恢复了艺术的真正作用。"可见，在华德福学校，与艺术相关的活动均占有重要地位。

1. 童话故事

童话故事是一门语言艺术，亦是灵魂的精神食粮。教师口述的童话故事充盈着幼儿的心灵，伴随着教师叙述的声音，幼儿的内心充溢着对故事的奇妙想象。也可以通过小型布偶戏来生动地呈现童话情节。在叙述故事时，教师可以点上一支蜡烛，以平和的语调叙述事先熟记的故事，不刻意地变化音调或进行夸张的表演，此举旨在激发幼儿的自我想象力和创造力。

2. 水湿画和蜡块画

绘制水湿画和蜡块画是华德福幼儿园经常举行的活动。斯德哥尔摩先知曾言："颜色展示了自然的灵魂和宇宙的灵魂。透过色彩的体验，我们能够共同感受到彼此的灵魂。"水湿画和蜡块画并不着重于幼儿的线条和图像绘制，而是让幼儿通过在微湿的纸上混合和涂抹红、黄、蓝三原色，体验自然的灵魂和表达内在的生命力。教师并不询问幼儿画了什么或画作的意义，只鼓励幼儿通过纸张与水的互动，以及色彩的交织，来调和他们的内心世界。

3. 音乐教育

华德福幼儿园高度重视音乐教育，认为每位幼儿的内心都潜藏着音乐的力量。幼儿教师的任务是感知这股力量、保护它，并引导它的成长。在幼儿园，音乐活动随处可见，被融入自由游戏、晨间活动、户外游戏、用餐等各个环节中。每天，幼儿在教师的带领下哼唱歌曲，而且幼儿还要学习吹奏五声音阶的竖笛。华德福幼儿园的歌曲以音阶 ra 为中心，采用特殊的五声音阶，即包括 do、re、mi、sol、ra 音。这种五声音阶具有独特的音韵。

4. 轮舞

轮舞，又称为“韵律游戏”，这是华德福幼儿园每天必须进行的活动之一。幼儿围成一个圈，随着歌曲或言语的旋律，通过身体动作表达诗意的内容。圆圈是最适合七岁以下幼儿的形状，有助于稳定他们的内心世界。完成轮舞需要一定的空间，可利用宽敞的场地，也可调整形式在有限的空间中进行。关键是活动时幼儿须手拉手形成圆圈，这样能够促进幼儿的团体协作和情感连接。

5. 手工艺术

手工艺术也是华德福幼儿园课程的特色之一，例如，幼儿会模仿成人雕刻木马、制作简单的娃娃，以及用蜂蜡黏土塑造各种动物形象。在手工活动中，幼儿通过手指与手工材料的互动，感受到意志力的作用，同时也体验到情感在艺术创作中的表现。华德福幼儿园还专门设置了“裁缝角落”，供幼儿自由地获取碎布、剪刀、针线、棉球和羊毛等材料，以便随时进行手工创作。

(二)注重节日庆典

节日在华德福幼儿园的课程中扮演着重要的角色。课程的设计遵循幼儿的发展需求和自然的节奏，而节日则是自然节奏的重要标志。庆祝节日的活动通常会邀请幼儿的家长一同参与，包括亲子轮舞、木偶戏表演以及制备特色食品和礼物等。不同国家和地区有着各自的传统习俗和节日，因此不同的华德福幼儿园庆祝节日的活动各有特色。

(三)强调游戏活动

游戏是幼儿学习和生活的主要内容，也是幼儿园的核心活动之一。华德福教育认为，在七岁之前，幼儿的主要任务是身体的发展，通过培养健康的身体，幼儿可以发展精神和内心世界。在身体发展的过程中，幼儿通过模仿成人、与他人互动、探索物品的使用等活动来丰富自己的经验。这些活动都被视为游戏，因为它们有助于幼儿的综合发展和学习。

1. 让幼儿自主地游戏

华德福幼儿园没有固定的课程和知识要求，教师不会为了教学而组织游戏。在自由游戏时间，幼儿可以根据自己的兴趣选择在室内扮家家、阅读绘本，或者在室外荡秋千、滚木材、玩沙子，甚至攀爬院子里的桂花树。华德福幼儿教育认为，幼儿是感官的主体，能通过模仿周围的环境和活动，形成自己的意志力。

2. 原始游戏材料

游戏离不开玩具，但华德福幼儿教育反对给幼儿提供现成的、精致的玩具。教育者认为，当幼儿开始真正的游戏时，他们会花时间去创造自己的玩具。在游戏中，幼儿会发现任何东西都可以拆解、重组，用于不同的场景，化身成不同的角色。对幼儿来说，游戏活动的关键在于游戏过程中的想象力发挥，而不只是使用现成的玩具。这种创造性的游戏对幼儿的发展至关重要。

三、华德福课程的组织与实施

（一）阶段性教育

华德福学校尊重“万物应有时”的原则，认为一切都应在适当的时间发生，幼儿也不例外。幼儿的发展被划分为三个阶段。课程内容的安排也根据不同阶段幼儿的特点进行调整，分别关注“追求善”“追求美”和“追求真”三个阶段。同时，教学方式的选择也遵循“万物应有时”的原则，根据不同阶段的幼儿特点来合理安排教学方法。

（二）主题课程

华德福学校采用主题课程的形式。主题课程具有横向扩展性，通过多领域的发散和延伸，围绕特定主题构建一个广泛的知识网络。课程不按照传统课表进行安排，而是将每个主题作为一段时间的主要课程，持续两到三小时，通常为期四到六周。其他活动也将围绕这个主题展开，从而促进幼儿对主题内容的全面理解和掌握。这种方式确保了课程内容的连贯性和系统性。

（三）节律与重复

幼儿园的各个环节都建立了流畅、宁静、连贯、有序的氛围。从一个活动到另一个活动的过渡经过精心策划，短期、中期和长期计划都以一天、一周和一年的节奏为导向。经过不断重复，孩子在每次返回幼儿园时都会因为已经拥有的经验而感到安全，从而按照经验行事。对于孩子们来说，这种节奏成为一种天然的权威，会很快成为习惯，并不再需要额外的教育和指导。

(四)创造性游戏

华德福幼儿教育从一开始就致力于为六岁以下的幼儿提供优质的游戏和游戏环境。他们认为真正的游戏应该是自由的、由儿童自发的、具有创造性和充满想象力的，而不是受外部引导的、结构化的或带有明确目标的。

第七节　蒙台梭利教育思想

蒙台梭利(Maria Montessori)是意大利幼儿教育家，也是意大利第一位女医学博士。她生于1870年，在罗马大学毕业后，成为精神病诊所的助理医师，并开始研究弱智儿童的教育。后来，她成为弱智儿童学校的教师，并开始更深入地研究儿童教育。蒙台梭利的教育理念和方法对世界各地的幼儿教育产生了深远的影响。她的著作被译成37国文字出版，她也成为许多教育家和心理学家的研究对象。尽管已经过去了一百多年，但蒙台梭利的教育理念仍然经久不衰，对当今的幼儿教育具有深刻的启示和指导意义。

蒙台梭利曾言："环境犹如人类的头脑，深刻地塑造着孩子的全面成长。"蒙台梭利教育法强调环境的重要性，这一观点得到了广泛认同。总的来说，蒙台梭利教育法包括四个核心要素：环境、教具、教师和儿童。这四者共同构成了一个有利于儿童成长的整体教育环境。

一、蒙氏教育的五大领域环境

蒙台梭利教育主要涵盖日常生活、感官、数学、语言和科学文化等五个领域，每个领域都对应着特定的教具和环境布置。教室的环境应能够反映外部世界的秩序和结构，帮助幼儿理解和接受这些秩序，从而建立内在的秩序和智慧。因此，对于这五个领域的环境设计有其独特的要求。

(一)日常生活区

这个区域旨在帮助孩子适应离开父母的分离焦虑，提供一种让孩子感到安全的环境，让幼儿感到仿佛是在自己家中一样。在这个区域，应包括娃娃家、建筑区、休息区等功能区域。此外，要选择靠近水源、通风良好、阳光充足的地方。在这个区域中，桌面工作的数量应比其他区域多，以确保幼儿有自己足够的活动空间，不会干扰到其他孩子。教具应尽量使用真实的、日常生活中的物品，以便孩子更加关注和重复练习，以培养他们的智力。

(二)感官区

感官区的教具涉及视觉、听觉、嗅觉、味觉和触觉等五大感官。这些教具应按照从简单到复杂、从左到右、从上到下的顺序摆放在教具架上，以方便幼儿自行取用。此外，应准备工作毯供孩子使用，以便于幼儿进行感官工作。由于感官发展与数学和逻辑思维密切相关，所以感官区的设计应与数学区相近，但不能妨碍其他活动的进行。

(三)数学区

数学区应与感官区相邻，应提供足够的操作空间，用于展示与数学相关的教具，如增高器、体重计、温度计和时钟等。数学区的教具较多，需要较大的操作空间，但同时也需要提供桌椅供孩子进行纸上工作。

(四)语文区

语文区应设在相对安静的角落，确保有充足的光线，这样有利于阅读和书写。这个区域应提供软垫和硬靠垫，同时可以放置盆栽植物，并设有阅读角、美术区(用于绘画和书写准备)、娃娃屋等功能区。娃娃屋可以设置在阅读角的附近。

(五)科学文化区

科学文化区应靠近水源、电源和光源，提供足够的桌面空间，以方便各种实验活动的进行。此外，户外应设有动植物养护区，以构建完整的科学文化环境。

二、蒙氏幼儿教室环境

在蒙台梭利幼儿教室中，五大领域的区域划分十分清晰，教具按顺时针顺序排列，从简单到复杂、从单一到多样，营造出有秩序的学习生活环境。根据孩子的年龄和特点，提供相应的教具材料。小班的教室可以多提供与日常生活有关的教具材料，但不应频繁更换教具，以确保孩子能够充分利用并熟悉教具。对于需要用水的活动，应将其设置在靠近水源的地方，并准备丰富的、具有知识内涵的生活物品，以吸引孩子的兴趣。教室的设计应既有活动性，又有安静的空间，以满足不同孩子的需求。整个教室的布置应简洁，不宜过于花哨，以帮助孩子保持心灵的宁静，创造一个纯净、温馨，有安全感的环境。可以将蒙台梭利教育法与本地文化相结合，因此，在教室布置中可以突出本土文化的特色。在教室中，应设立一个适合孩子独立和自由活动的区域，以满足他们多样化的需求和兴趣。

三、蒙氏幼儿园户外环境

幼儿园的户外游戏区不仅是孩子们日常活动的地方，更是教育和学习的场所，有助于促进孩子在社交、智力、体能、创造力等多个方面的全面发展。

蒙氏教育注重简洁和朴实的美，因此户外游戏区的装饰需要简洁而精致，设计要吸引人，体现轻松温馨的氛围，壁面颜色应温暖柔和。

在户外区域，应设置户外游戏区、水池区、攀爬架、攀爬梯、独木桥、水上台等一系列大型设施，供幼儿自由玩耍，以促进他们身体和心智的发展。此外，还应包括动物饲养区和植物栽培区，幼儿们可以观察动植物的生长过程，这是他们自我教育的一部分。当幼儿明白植物需要仔细浇水才能生长，动物需要定期喂食才能健康成长时，他们会逐渐培养对生命负有责任感的意识。这种过程不需要教师的干预，可以引导幼儿自主学习。

蒙台梭利强调大自然在儿童教育中的作用。她认为，孩子本身就是自然的一部分，必须从自然界中汲取发展所需的力量。成人应该为孩子创造接触大自然的机会，让他们有时间和空间欣赏大自然的秩序、和谐与美丽，同时了解各种自然现象和规律。[①] 她进一步指出："让孩子健康成长的最好方法，就是让他们沉浸在大自然之中。舒适的童装、凉鞋、露出的小腿，都是脱离文明束缚的方式。孩子的身体和心灵与大自然的和谐融合，可以直接从丰富多彩的自然界中汲取滋养。"

① 张永英．蒙台梭利感官教育批评之回顾、反思及启示[J]．学前教育研究，2023(10)：14－25.

第八节　高瞻课程理论

高瞻课程诞生于1962年，是在美国儿童心理学家戴维·韦卡特的领导下，借鉴海斯科普沛利幼儿学校的方案发展而成的，后来被称为“开端计划”。当时，韦卡特发现来自低收入家庭的学生在学校的表现不佳。他提出了一个假设：如果对这些家庭的三四岁幼儿提供早期干预服务，可能会提升他们入学后的表现。于是，在政府的支持下，他们创立了“Perry Preschool Project”（High/Scope学前方案的前身）。20世纪70年代初，High/Scope教育研究基金会正式成立。

高瞻课程依据儿童自然发展的规律，提出了一种开放式的教育理念和实践框架。它是第一个采用严格实验设计的方案，儿童被随机抽取和分组；通过研究者对参与儿童的未来生活状况的跟踪观察，来追踪方案的效果。这一课程起源于对弱势儿童的干预计划，以认知导向的方法为核心，旨在帮助这些学龄前儿童脱离贫困，并使其在未来的学校学习中获得成功。

一、主动学习的内涵

主动学习是高瞻课程的核心，它摒弃了传统的教师主导式教育，鼓励儿童根据自身兴趣和需求自主选择、自发活动和自由探索。该课程的研究者认为，主动学习是学习者主动发起的学习过程，通过与物体、人、概念和情境的互动，学习者主动构建有关现实世界的知识。主动学习包括四个关键要素，具体如下：

(一)直接操作物体

主动学习依赖幼儿对物质的实际操作，无论是天然的还是人造的物品都可以成为学习材料。

(二)行动与反思

仅有操作不足以支持学习，幼儿需要在操作的同时思考周围的环境，因此幼儿必须在行动中反思。

(三)内在动机、创造力和发明

学习的动力源于幼儿的内心，应激发幼儿的兴趣，激发他们探索、实验和创造新知识的愿望。

(四)解决问题

幼儿在操作和与他人互动的过程中常常遇到各种问题，因此需要幼儿在已有的理解和经验之间进行协调，即解决问题。

可以看出，主动学习是一种源于幼儿兴趣和需求，通过幼儿动手实践引发思考，从而获取新经验的完整过程。幼儿需要具备浓厚的学习兴趣、强烈的学习愿望和动机，能够积极参与学习过程，善于发现问题并自主或寻求帮助解决问题，同时需要具备一定的经验、思维素养，掌握一定的学习方法和策略，以及拥有积极的学习态度[①]。

二、主动学习发生的条件

高瞻课程认为，主动学习不会自发，幼儿园必须创造适宜的

① 樊豫争．国内外比较视角下我国高瞻课程研究现状及对策分析[J]．昆明学院学报，2021，43(05)：72—77.

环境，教师应激发幼儿的主动学习愿望并使其能够自由探索和解决问题。这个环境包括以下五个关键要素：

1. 材料

提供多样、易获得、经济实惠的操作材料，是支持儿童主动学习的关键。

2. 操作

幼儿必须通过自由操作、探索等多感官的实际体验来获取经验，特别是在感觉和前运算阶段。

3. 选择

幼儿的学习应该是自主的选择，他们有权选择自己要做什么、在哪里做以及与谁一起做。

4. 幼儿的语言和思维

幼儿的语言发展是关键时期，语言作为思维的工具发展对思维的促进至关重要。

5. 成人的支持

鼓励和支持幼儿的自由选择和活动，是促进幼儿主动学习的重要条件。

这五个条件是高瞻课程认为能够促进幼儿主动学习的要素。

三、主动学习的支持策略

在高瞻课程理论中，基于“主动学习”这一核心理念，教师被视为幼儿主动学习的支持者，其支持具体体现在以下几个方面。

(一)为幼儿打造合适的环境并规划日常生活

在高瞻课程中，教师致力于创造一个安全、健康、宽敞的环境，并合理规划活动区域。同时，提供来自幼儿的经验和生活中常见、易于操作的活动材料，以促使幼儿积极参与主动学习。此外，为提高幼儿主动学习的效果，高瞻课程将幼儿的一日生活划分为问候时间、计划时间、工作时间、整理时间、回顾时间、小组活动时间、团体活动时间和户外活动时间等，鼓励幼儿积极参与并自主规划自己的一日生活。

(二)鼓励幼儿勇敢自由地表达和交流

高瞻课程鼓励师生之间以及幼儿之间的自由交流和互动。因此，教师要建立轻松和谐的师生关系，注重聆听幼儿的观点和想法。当幼儿制订计划时，教师通过聆听他们的描述，了解并协助幼儿澄清思路，鼓励他们大胆尝试。在幼儿进行活动时，教师可以以适当的方式介入，与幼儿一同讨论如何扩展活动，使其增加挑战性，或通过提问激发幼儿主动思考。活动结束后，教师应鼓励幼儿自信地展示他们的作品或分享活动经验。

(三)促进幼儿有目标地行动、解决问题和反思

高瞻课程教师应积极引导幼儿有目标地行动、解决问题和反思。教师应鼓励幼儿在与环境互动、与情境对话之前描述事物和表达想法。当幼儿在活动中遇到困难时，教师应给予足够的时间，让他们自己发现、分析和解决问题，而不是代替他们。活动结束后，教师应安排一定的时间供幼儿自主回顾活动，幼儿可以用语言表达他们的经验，也可以通过手势、动作、歌曲、作品等方式分享活动的经验。教师应帮助幼儿思考活动中出现的问题，鼓励他们总结活动经验。

(四)基于关键经验观察和解释幼儿的具体活动

在高瞻课程中，关键经验是指描述两岁半到五岁幼儿在这个

阶段所必需且对他们的现实生活和未来发展具有重要意义的社会、认知、身体等多方面的素质。因此，除了为幼儿创造适宜的环境并适度干预他们的活动外，高瞻课程教师还需要根据各领域中列出的关键经验来观察幼儿的活动，包括他们的兴趣、问题解决方式以及与周围环境的互动情况等。教师在观察的过程中或之后，通过轶事记录、装档案袋等方式记录和整理儿童的重要行为和言语。随后，教师可以运用《海伊斯科普儿童观察记录表(适用于3—6岁)》工具来解释孩子的发展状况，并根据观察结果反思自己的活动设计，规划下一步的教育活动。

第五章

幼儿教师应知应会的通识性知识

第一节　自然科学和人文社会科学知识

《专业标准》明确强调了幼儿园教师在通识教育方面的要求，要求幼儿教师必须熟悉自然科学以及人文社会科学的基本知识。这是衡量一名幼儿园教师是否合格的基本标准。这些知识通常是教师在接受预备职业教育时就应学习的。从实际需求出发，作为处于社会特殊位置的幼儿园教师，不仅要具备普通公民应有的科学素养，还要因应教育对象是充满好奇心和探索欲望，但经验不足的幼儿，而展现出更高层次的科学修养。

在当前社会发展的大背景下，幼儿科学教育已经超越了简单传授知识、技能和基础常识教育的层面，《纲要》也指明，幼儿科学教育的目的在于培育幼儿的基础科学素养。因此，现代幼儿教师不仅要拥有一般公众的科学素养，还需具备符合时代进步和专业发展要求的高级科学素养。

一、幼儿教师获取自然科学知识和人文社会科学知识的必要性

首先，自然科学知识和人文社会科学知识构成了幼儿园教师教学的核心内容。在具体的教学过程，尤其是科学教育活动中，教师会涉及与周边环境相关的众多知识点。教师需要有足够的知识储备，以确保能够正确引导幼儿理解这些基本原理，也就是说只有教师自身拥有丰富的知识，才能分享给幼儿。

其次，自然科学知识和人文社会科学知识是培养教师自身文

化和教育素养的基础。幼儿园教师的科学和人文素养直接体现其内在的文化修为，而教师的这种修为也会对幼儿产生深远的影响。在学前教育这个阶段，由于教育对象的特殊性，教师的示范作用尤为关键。因此，提升教师的个人素质是构建高质量教师团队的重中之重。这也是《专业标准》将这些知识作为教师专业技能的一个重要组成部分的原因。

最后，随着我国教师资格制度改革的深入实施，为了帮助学生顺利升学，通过幼儿教师资格认证，以及为他们的长期发展打下基础，学前教育专业学生在课程设置上，必须合理地规划自然科学和人文社会科学课程的比重。

二、幼儿教师获取自然科学知识和人文社会科学知识的方法

(一)科学的价值观念

幼儿教育工作者在科学教学实践中，科学价值观的确立是其行为的基石和精神核心。教师在引导幼儿步入科学世界的初始阶段，必须树立正确的科学价值观，这意味着要具备对世界的深刻洞察和积极正面的心态，对科学技术为社会与个体所造成的深远影响有透彻的理解和鉴别。态度塑造行动，一个人在行动前的态度至关重要，你怎样对待周围的一切，同样的方式也将回响于你。如果教师的科学观念存在偏差，充满非理性的成分，那么他(她)教导出的孩子又如何能够准确地解读这个世界？幼儿在这个时期对周围世界的感知主要通过身边的人和事完成，教育者所传授的观念将深深地影响他们对世界的构想。

(二)科学知识的广度与深度

科学知识是构建科学素养的基石，承载着培育幼儿其他科学素养元素的重任。从广泛性角度，幼儿教育工作者需要涵盖多方面的科学知识。例如：理解人体构造与机能、心理活动的本质、生命的成长与衰老过程、健康保障和个人卫生；洞察动植物世界、生态平衡与环境保护；探索自然科学的奥秘和日常生活中的科技应用等。而在深入性方面，幼儿教师不仅要掌握幼儿日常生活所接触的基本科学知识，还应对一些常见现象进行深入研究，例如在自然科学领域，教师不只是了解各种自然、物理、化学现象，更要探究其成因、内在联系，并掌握相关的专业术语。同时，教师还需自我反思，明确自身的文化修养、兴趣偏好、态度能力和经验积累；深入了解幼儿的身心发展规律和认知特征；并对教育内容、学科框架、课程结构等进行专业化的学习和研究。

(三)获取科学信息与科学教育活动的组织能力

1. 科学信息的采集、应用及科学教育活动的策划和实施能力

在信息化、网络化日益显著的今天，海量的知识，特别是科技信息需要通过更现代化的方式获取。同时，考虑到幼儿以形象思维为主，教师需要为他们提供更直观、生动的学习资源。因此，无论是为了教师自身的成长还是幼儿的发展，现代幼儿教育工作者都必须学会高效获取和利用各种信息资源。① 教师应熟练运用网络资源，掌握多种检索资料的方法，例如利用电子图书馆、全中文数据库、教学视频资源等，并具备筛选高质量信息的

---

① 雷彩银. 幼儿园教师的科学精神与科学教育意识[J]. 学前教育研究，2021(03)：85—88.

能力，以便为教学实践提供丰富的素材。例如，有些幼儿园在安排孩子们观察植物生长的活动时，除了实地观察外，还会借助视频资料、AR 技术、VR 技术、图书资料，使幼儿能更直接地了解植物的生长过程，这种方式往往能收到更好的教学效果。

2. 策划与实施科学教育活动的能力

有效地策划与实施科学教育活动，是提升科学教学质量的关键。教师需要具备这种能力，这也是幼儿教育工作者科学素养的核心组成部分。在活动设计中，教师要能准确地掌握幼儿的发展特点和个体差异，选择适宜的教育内容，并合理地规划教学流程，注意各个环节之间的连贯性和层次感。这不仅仅意味着要为孩子提供一个连续的科学学习体验，还要在活动中注意难易度和重点的把握，如不必所有活动都让孩子观察，有的活动更需要强调科学方法的理解。

总之，现代幼儿教育工作者的科学素养既显示出时代的特征，也体现了职业的特性。具备优秀科学素养的教师，不仅能够有效地引导幼儿的科学探索，而且在为国家和民族的未来培养具有高度科学素养的公民方面，肩负着重要的使命。

第二节　艺术欣赏与表现知识

艺术素养作为感知生活之美的一种独特能力，是人类审美实践的重要组成部分。每一种艺术实践行为都源于人们对美的探索和追求。对于幼儿教师而言，唯有不懈地深化自己在艺术领域的修为，才能有效提升教育质量和教学成效。

一、提高教学艺术

(一)加强幼儿的充分感知

根据《纲要》，艺术教育是美育的核心路径，幼儿教师应最大限度地发挥其在情感教育中的作用。幼儿通过艺术创作表达自我，通过作品呈现内心。因此，教师的职责在于唤醒孩子们对美的感知与表达，让他们在自由创作中找寻快乐。由此可见，尽管艺术形式多元，但教育过程中，教师需要认识到幼儿的主体性，确保教学策略与幼儿的感知和表达方式相匹配。

(二)加强教育教学的有效转化

在幼教领域，教师不仅要精通艺术教育的基本技艺，还需深入了解儿童的成长规律和心理特点，并将这些认识融入教学中，利用艺术的力量灵活地组织教学活动，以实现教育目的。

(三)加强教学艺术手段的灵活整合

高效的幼儿教学应关注儿童的身心特质，尊重他们独特的学习方式，通过多样化的教学手段整合教学目标，促进幼儿全面、均衡地成长。这要求教师不仅具备组织教学的能力，还要有创新精神，能够综合运用多种艺术教学方法。

(四)加强教学的表达艺术

马卡连柯强调的“表达技巧”，即教学中的语言艺术，对教师至关重要。因此，幼儿教学(包括交流和对话)应自然、亲切、易于理解，同时根据教学内容和幼儿的反应适时地调整语调和表达速度，即便孩子们全神贯注，也要注意变换语调，防止他们对教学内容感到乏味。

二、培养幼儿教师的审美能力

艺术欣赏与科学认知不同，它是一种深入心灵的审美活动，依赖于审美感受、想象和情感等心理功能。通过艺术欣赏，教师不仅能体验艺术作品之美，还能感悟艺术家的情感世界。

(一)欣赏优秀的艺术作品，体会作品中的艺术美

审美鉴赏力与所接触艺术作品的层次息息相关。高质量的艺术作品能够为受众提供丰富的审美体验，而粗俗的作品可能产生负面影响。因此，选择欣赏对象时，不仅要广泛涉猎，更要注重作品的艺术水准。

(二)通过欣赏艺术作品，了解艺术家的审美情趣

在艺术欣赏的过程中，教师应努力理解艺术家通过作品所传达的情感和思想。这种感悟会加深教师的审美体验，从而帮助他们在教学中更好地引导幼儿理解艺术。

三、培养幼儿教师的艺术精神

教师的艺术修养不仅影响自身的教学水平，还直接影响幼儿的艺术教育质量。通过系统的艺术培训、参观艺术展览、观看表演等方式，教师可以不断提高自己的艺术鉴赏能力和审美水平，从而更好地完成教育教学任务。

四、积累艺术知识

幼儿教师的艺术素养对提升教学质量和促进幼儿全面发展具有重要意义。通过不断学习和实践，教师可以深化自己的艺术理解，提高教学的艺术性，同时培养出具有丰富情感和广阔视野的下一代。

幼儿教师应努力学习专业知识。了解基本的艺术理论、技巧和教学方法，掌握幼儿美术、音乐、舞蹈教育的特点和要求。可以参加培训课程、研讨会，也可以自学。

幼儿教师还应该观摩其他教师的教学实践，从中汲取灵感，还要经常参观美术展览、博物馆，关注艺术家的作品。

幼儿教师在展开艺术教育教学活动中还应注重反思，不断发现问题、解决问题，从而积累艺术知识，提高艺术修养。

第三节　现代信息技术知识

在现代信息技术不断进步和深化的背景下，教育界必须借助信息化的力量推动教育的现代化，这一点在全球教育改革与发展中已形成共识。从基础教育到高等教育，无不充分利用信息化创建新的教育模式，其中现代信息技术同样能为幼儿教育赋能。教育信息化为幼儿教师的职业发展带来了新的挑战和机遇。一方面，教师需要加强传统教育技能的培养，如更有效地表达、沟通、组织以及教学方法；另一方面，他们还需要理解并掌握现代教育理念和信息技术，这些新能力已成为衡量幼儿教师专业水准的重要指标。

一、幼儿教师运用信息技术的基本体现

信息技术的融入是适应教育信息化趋势的必然产品。幼儿教师利用信息技术进行高效教学，展示了综合技能的提升，这种提升通过多种形式得以体现。信息技术的具体应用，涵盖了班级管理、教学过程以及与家长的互动等多个方面。

(一)高效的班级管理工作

班级如同一个微缩社会，良好的班级管理是构建和谐师生、师师关系的基石。通过建立电子数据管理系统，教师能够全面了解班级情况，并塑造独特的班级文化。信息技术在此过程中起到了支撑作用，也能助力教师加强自己在技术应用方面的能力。

(二)优化教育教学工作

教师的专业发展得益于其信息技术的应用能力，反之亦然。当前，信息技术在教育中的应用包括：准备教学材料，使用教学辅助工具，以及参与教育科研。例如，教师需备课、做教学计划、记录个案、撰写研究报告等。此外，制作多媒体教学内容，如 Flash 课件、PPT 演示等，也已成为教师的常规工作。同时，教育科研，包括在线教研活动、数据分析、文献收集等，也是信息技术应用的重要领域。近年来，AR、VR 技术日臻成熟，在幼教领域也发挥着重要作用，可以给幼儿带来沉浸式体验。幼儿教师要密切关注新技术对教育教学的赋能。

信息技术现已成为幼儿园教学不可或缺的一部分，它能成为教师的得力助手，使教师工作更加高效。

(三)有效的家长工作

家长是教育的重要参与者。构建和谐的家校关系和有效的沟通机制是实现教学目标的关键。信息技术的应用，在加强教师与家长间的互动、提高沟通质量方面，发挥着重要作用。

二、提升幼儿教师信息技术运用能力的策略

为了真正实现教师信息技术应用能力的提升，我们需要从加强硬件设施和软件开发两方面入手，因地制宜地建立适宜的信息技术教育环境。教师在掌握新技术的同时，还需更新传统的教育观念，以提高自身的综合教育技能。

教育部门和学校应组织教师深入学习教育理论，鼓励教师认识到信息技术不仅是技术手段，还代表着教育方式的根本变革。

教师作为信息技术整合的关键，如果他们不理解信息化教育的核心价值，就不会有效使用现代媒介，那么即使是最先进的技术，也难以发挥效用。同时，我们要明确，教师的目标不是成为信息技术专家，而是要利用信息技术改进教学，扩大教育的影响力。

通过深入地学习理论和实践探索，教师将逐渐改变旧有观念，不再仅将信息技术视为基础的计算机操作技能，而是学会如何筛选、分析和利用大量的信息资源。这不仅有助于提高教学效果，也有助于教师减轻工作负担。

信息技术的全面融入，一方面促进了教师在信息处理和应用方面能力的提升；另一方面，也增强了家校沟通的有效性。相比传统的面对面交流，现代通信工具，如社交媒体群组，为教师和家长提供了一个思考和交流的空间，减少了沟通中的障碍。

三、对现代信息技术的反思

(一)现代信息技术是一把“双刃剑”

在当前，对于教育工作者而言，信息技术宛若一柄“双刃剑”。它的积极影响显而易见，如通过技术手段实现“无纸化办公”，极大地方便了教育教学活动，不仅提升了工作效率，还使教学场景更加多元，教学流程更加高效，同时也引领了教学方法的创新。但另一方面，幼儿园利用这些先进技术时，也将教育活动的每个方面公之于众，实现全方位透明化。这种开放性虽然能邀请家长共襄教育盛举，却也无所遁形地展示了教育过程中的不足。因此，这不仅对教师的专业能力和个人素质提出了更严格的挑战，同时也给幼儿教师带来了前所未有的压力。

(二)现代信息技术的适切运用

随着教育者对信息技术掌握程度的加深，以及教育场所信息化设备的日益完善，信息技术已经成为教学活动中不可或缺的一部分。但是，现阶段缺乏具体的技术评估标准和明确的操作指南，导致教师可能从过去的技术空白，走向对信息技术的过度依赖。例如，很多教师倾向于使用多媒体课件来组织课堂，这些丰富多彩的内容的确能吸引幼儿的注意力，但同时可能忽视了幼儿对于触觉和实际操作的基本需求，而这些对于幼儿尤为重要。因此，在教育实践中，我们需要进一步探讨应该采用哪些信息技术手段，如何平衡使用，以及如何选择最合适的应用方式，以确保信息技术能够真正服务于教育，而非成为教育的负担。

总的来说，提高幼儿教师的信息技术应用能力是一个系统性的工程，需要各方面的配合和共同努力。随着信息化教育环境的不断优化，相信有新技术、新科技的赋能，幼儿教师将会在未来的教育改革中发挥更大的作用。

第六章
幼儿园环境的创设与利用

第一节　幼儿园环境创设的概念与要求

幼儿园环境创设是指幼儿园内幼儿身心发展所必须具备的一切物质条件和精神条件的总和。幼儿园环境创设是一项重要的工作，需要教育者全面考虑幼儿的需求和特点，充分利用环境和资源，营造一个积极、健康、和谐的环境，促进幼儿的全面发展。

一、幼儿园环境创设的概念

幼儿园环境不仅仅指物质空间，更涵盖了孩子们成长必需的精神食粮。这个环境不单包含教学与生活设备等有形元素，还涉及文化氛围、心理感受等无形要素。在这个背景下，我们可以将幼儿园的集体精神、活跃程度、教风等视为文化的组成部分；教师与学生的关系、教师的教学风格及其人格魅力则构成了心理环境。这样的环境既能呵护孩子们的成长，也能教育他们学会生活。

幼儿园环境的营造，是教育工作者依据教育需求与儿童成长的心理和生理特点，精心设计并运用教育资源的过程。它通过活动场景的设计，使环境元素成为教育的催化剂，激发了孩子们的内在潜能。

二、幼儿园环境创设的重要性

“孟母三迁”的故事向我们展示了环境对成长的巨大影响。考虑到幼儿大部分时间在幼儿园度过，我们更应重视其环境的构建。幼儿园环境，这个“无声的课程”，对幼儿全面发展有着不可替代的作用。它能激发幼儿的智力，塑造其个性，引导幼儿积极探索、解决问题，进而认知这个世界。同时，它是幼儿与他人以及物品互动的平台，对其社会性成长具有深远的影响。

(一)促进幼儿认知发展

根据行为主义心理学的理论，人的行为是由许多反射组成的，即有机体对环境刺激的顺应。幼儿园环境就是一种特殊的“刺激”，能够教育幼儿形成适当的行为模式。如果环境创设得当，它将引导幼儿的认知发展。比如，通过环境布局激发幼儿的学习热情，展示学习成果，或设置问题情境，引导幼儿深入思考。

(二)促进幼儿社会性发展

儿童的社会化是一个在特定社会环境中逐步学习社会规范，处理人际关系，并适应社会的过程。幼儿园环境促进了幼儿的社会性发展，因为它为幼儿提供了必要的互动支持。例如，环境和组织方式会影响幼儿的情绪和社交行为，从而间接塑造其社会性格。

此外，在共同创建环境的过程中，幼儿学会表达情感、进行合作，并逐渐掌握人际交往的技巧，能为将来的社会生活打下基础。幼儿园通过特殊的环境设计，无声地影响幼儿的成长，这一点正得到越来越多教育工作者的认同。

(三)影响幼儿个性成长

幼儿园是幼儿个性成长的场所，幼儿期是孩子们性格形成的关键时期。因此，幼儿园应提供一个充满爱、尊重和接纳的环境，让幼儿在此基础上建立自信、变得独立和更具自主性。环境中的每一个细节都可能影响幼儿的情感体验和自我认知，从而影响他们的个性发展。

幼儿园环境的营造是一个全面而复杂的系统工程。它不仅需要考虑物理空间的合理性，更需要深入理解幼儿的心理需求和发展规律。通过精心地设计和实践，我们可以为幼儿打造一个既安全又充满挑战的成长环境，引导他们健康、快乐地成长。

(四)影响幼儿的想象力和创造力

幼儿展现出的想象力与创造力常使我们成人感到惊叹，但若未加以妥善培育，这些潜能可能会被压抑。幼儿园这个特殊的空间，蕴含着无尽的新奇和想象的元素，能够激发孩子们自由驰骋的思维，这对他们未来抽象思考的能力培养具有不可估量的作用。

(五)影响幼儿审美能力

幼儿期不仅是性格和想象力塑造的关键时期，同时也是孩子审美感受力逐步建立和提升的阶段。因其年纪尚小、经验有限，幼儿对美的感知更趋于直观和感性。他们通过直接接触周围的一切来塑造自己的审美判断，而这一过程受所处环境的深远影响，远超简单的环境美化所能达到的效果。因此，充满审美元素的幼儿园环境将更有效地提升孩子们的审美鉴赏力。

三、幼儿园环境创设存在的问题

现阶段，多数幼儿园在环境布置上都不同程度地遇到一些问题，主要集中在以下五个方面：

(一)过分强调环境的观赏性，而教育意义被边缘化

幼儿园环境的设置应当反映出孩子们的特性，更重要的是，它应具备深远的教育意义。然而，许多幼儿园过分追求表面的华丽，却忽略了文化底蕴和教育内涵的融入，导致环境设计趋于形式化，缺乏具体而明确的教育目标。更有甚者，一些不适宜的设计元素和色彩搭配还可能引发孩子的不适和情绪波动。[①]

(二)教师参与度高，孩子参与度低

在环境布置的过程中，教师过度介入，孩子的实际参与就可能不足。当前一些幼儿园的环境设计往往更多地从成人的视角出发，而忽略了孩子的视角和需求。这样不仅易造成资源的浪费，也难以达到预期的教育效果。

(三)购买替代创造

尤其是在经济条件较好的幼儿园，更倾向于购买成品装饰和教学玩具，而忽视利用手边的资源和废旧材料进行创造性的设计。

(四)静态设计多，动态互动少

环境布局往往是一成不变的，缺乏可互动、可变换的元素。例如，墙面装饰常年不变，孩子的作品陈列时间过长。

(五)过度侧重物质环境，忽视精神文化建设

许多幼儿园只重视物质条件的提升，却忽视了人际关系、师德、师风以及园所文化的培育。

---

① 万国鲜．浅谈幼儿园环境创设的设计教学实践[J]．课程教育研究，2020(47)：85，87.

四、幼儿园环境创设的原则

幼儿园环境设计应遵循的基本原则是建立在幼儿教育的基本任务、教学原则以及幼儿发展特点的基础上的。这些基本要求是每位教师在布置幼儿园环境时都应严格遵守的，能确保环境设计与教育目标的高度契合。

（一）坚持教育目标导向的原则

幼儿园致力于为孩子们提供有助于其身心成长的体验，全方位地促进他们的发展。在策划教学环境时，必须清晰地设定目标，确保其与教学内容和计划相吻合。旨在全面发展的教育目标应体现在环境布置的每个细节上，无论是对身体、智力、道德、美感的培养，还是在健康、语言、社交、科学、艺术等多个重要领域，都需均衡考虑。环境布置应根据孩子的发展和教育目标而设计，并且随学期、月份、周的教学计划变化，创造出一个系统性的、有序且连贯的教育环境，从而推动教育目标的实现。

（二）遵循适合幼儿发展的原则

幼儿在不同的成长阶段表现出各自的特点和需求，环境创设必须顾及这一多样性。教师需通过多层次的环境设计和多样化的教学材料来满足他们的需求。而且，同龄儿童在感官条件、兴趣和能力上也各不相同，这就要求教师细心观察并正视这些差异。保持环境的新颖性和活力，满足孩子们的好奇心和探索欲，是幼儿教育不可或缺的艺术。

（三）实施教师与幼儿共创环境的原则

环境教育的实质不仅存在于具体环境中，更蕴含于创设过程之中。陈鹤琴先生强调了孩子们通过亲手布置环境从而对其产生了解和爱护的重要性。在环境创设，尤其是室内环境的布置中，应鼓励孩子们积极参与，倾听他们的想法，让他们参与设计、准备和布置的全过程。虽然这种方式可能比教师独立操作更耗时，但它在提升孩子们的参与感、创造力和责任感方面具有无可比拟的优势。

(四)强调园内外环境协调统一的原则

在重视幼儿园内部环境的同时，也需考虑外部环境的整体影响。应充分利用幼儿园、家庭、社会的教育资源，同时保持内外环境的和谐统一。幼儿园应主动与家长建立合作关系，传授育儿知识，同时邀请社会各界人士进园讲课，增强孩子们的社会实践和自然探索活动。

(五)遵循经济实用的原则

环境创设不应盲目追求奢华，而是要基于幼儿园的实际条件，合理利用资源，包括废旧物资的再利用。这种原则不仅适用于经济条件较为有限的农村地区，对城市幼儿园同样具有指导意义。

(六)强调富有特色的原则

环境创设需充分考虑幼儿园自身的特点，注重创新和差异化，避免形式单一。教师应发挥个人特长，挖掘地方文化资源，结合地方和个人特色进行教学活动，特别是进行品德教育，培养孩子们的爱国情怀和劳动观念。

(七)确保安全卫生的原则

在新建或改造幼儿园时，必须将安全放在首位，确保没有任何安全隐患。环境中的所有设施，包括室内外的玩具和设备，都必须符合安全标准。此外，园区的清洁和卫生也至关重要，需要定期进行消毒和清洁。

(八)倡导平等和谐的原则

这主要涉及幼儿园精神环境的营造。幼儿园应努力建设和谐、平等、健康的人际关系环境。《纲要》指出，教育工作应尊重幼儿的个性和权益，关注他们的身心发展和学习特点。实际上，幼儿时期是孩子心理健康形成的关键时期。教师的教育态度和方式，学生间的团结和友爱关系，都会帮助幼儿构建一个安全、温暖的心理环境，使幼儿能够自信、开心地成长。

这些原则对于幼儿园环境的策划与实施具有重要指导意义，有助于幼儿园更好地促进幼儿的成长和发展。

第二节　幼儿园的物质环境创设

幼儿园的物质环境对孩子的成长至关重要，不同类型的环境对他们的成长有各自的影响。幼儿教育的目标、内容、形式和方法都受物质环境的影响，所以我们需要创造出有利于幼儿成长的科学环境。这种科学环境有助于孩子的智力和认知能力的发展。在这里，我们将重点讨论活动室和大厅的环境创设。

一、活动室的环境创设

幼儿每日要在幼儿园里度过相当长的时间，因此，活动室的环境设计至关重要。但是当前某些幼儿园的活动室依然存在视觉美感不统一、空间布局无规划的情况。在活动室的环境创设中，应以相关的原则为基础，充分考虑孩子的年龄特点和未来的发展需求，然后进行环境设计，包括活动区、门窗和装饰等方面。①

(一)利用有限空间，创优区域活动环境

《纲要》明确指出，环境是重要的教育资源，应该通过环境的创设和利用来促进幼儿的发展。要为幼儿创造一个丰富多彩、层次丰富、具有选择性和自由度的环境，让每个幼儿都有机会与环境互动，通过积极的相互作用来促进他们的发展。

(1)充分利用室内地面、墙面和空间等，尽可能多地为幼儿

---

① 孙海霞．浅谈幼儿园环境创设对幼儿的影响[C]//广东省教师继续教育学会．广东省教师继续教育学会教师发展论坛学术研讨会论文集(五)，2023：498－500.

提供知识或信息刺激，提高幼儿无意识学习的能力。

①彰显合作性。利用室内地面划定各种图形和格子、字母、数字等，在开展活动时，幼儿可以和同伴协商制定游戏规则，共同开展游戏。在游戏中培养幼儿的规则意识，增强幼儿的合作能力。

②凸显教育性。例如，在开展主题活动时，可以在屋顶悬挂绳索，让孩子和家长制作月饼盒灯笼和各种秋季蔬果的装饰，从而创建一个区域活动环境，激发幼儿的创造力。此外，还可以通过安装屋顶轨道，用鱼线悬挂各种物品，以营造特定的氛围。例如，通过悬挂幼儿的手工作品“雪花”来营造冬天的氛围，这样做可以增加孩子们的自信心和成就感。

③注重趣味性。在布置墙饰时，应鼓励幼儿参与，充分调动他们的积极性，让他们与环境互动。例如，在设计“我长大啦”活动区时，可以在墙面上制作一棵成长树，并在墙角挂上一个篮子，篮子里放有小叶子和记号笔，还可以在墙上贴上可以量身高的纸质尺子。幼儿可以将自己的姓名、年龄、身高和体重等信息贴在成长树上，这一活动设计不仅美化了环境，还能帮助孩子了解自己身体的外部特征，同时也能记录孩子学习的过程。

(2)有效利用阳台、橱柜、桌面、窗台和窗户，创造有利于幼儿发展的区域活动环境。

例如，在每个橱柜上进行标记，或者添加加减、点数、图形或数数的标记，这不仅有助于培养幼儿的整理习惯，还将计算和分类等元素融入区域活动中，从而促进幼儿思维的发展。阳台和走廊是幼儿经常玩耍的地方，可以在墙壁上创作抽象的图画，或者反映四季特征的图画，让孩子在日常活动中无意识地获取知识并受到教育。同时，还可以在这些地方增添一些趣味装饰，以增加环境的趣味性。

(二)坚持特色原则，创优活动材料投放

(1)根据幼儿的年龄特点选择材料。例如，在以“蔬菜总动员”为主题的区域活动中，教师可以提供积木、橡皮泥和纸盒等材料，鼓励幼儿创作，以培养幼儿的想象力和创造力。然而，要注意确保材料的适应性，不要超出幼儿的能力范围，否则可能会导致幼儿失去参与活动的兴趣。

(2)根据幼儿的发展实际选择材料。例如，在以“瓶子总动员”为主题的区域活动中，如果提供的彩色图片过于复杂，幼儿可能会感到无法应付。在这种情况下，教师可以及时调整材料，为幼儿提供更容易理解和操作的材料，以保持他们参与活动的兴趣。

(3)根据教育目标选择材料。例如，在培养幼儿对科学的兴趣和探索精神时，可以提供纸片、木块、铁片、塑料玩具等材料，让幼儿在水中观察和探索。教师在选择材料时应确保教师利用这些材料有效地实现教育目标。

(4)根据主题需要选择材料。根据不同的主题活动，选择相应的材料。例如，在以“芽”为主题的活动中，泡发各种豆类可以吸引幼儿的注意力。在美工区，可以制作有创意的粘贴画；在语言区，可以提供有关豆类的故事。这一类创意活动能进一步激发幼儿的学习兴趣。

(5)注意材料的组合使用。各个区域的材料之间可以相互配合使用，教师在选择和放置材料时应考虑这种组合性。例如，在“时装秀”主题活动中，彩色广告宣传纸可以在美工区用来制作项链或手链，同时在教学区域提供记录表和水彩笔，让幼儿进行比较和记录。

(6)注意材料的安全性。幼儿园选择的日常用品材料通常来自自然，但并不排除存在一定的安全隐患。教师在使用材料前必须进行卫生和安全检查，以确保幼儿的安全。

幼儿园区域活动环境的创设是一项复杂的工程，幼儿教师需要充分了解幼儿的特点，把握环境和材料的教育价值，科学地引导幼儿在这个环境中学会生活、学会学习、学会创造。

二、大厅的环境创设

大厅是最能反映幼儿园文化内涵的地方，因此在创设大厅环境时，应充分体现幼儿园的教育理念。可以贴上一些历史名人的画像，潜移默化地影响孩子认识历史，同时也能让家长感受到幼儿园的教育文化。另外，结合幼儿园特有的诵读教育文化特色，将其展示在文化展厅中，有助于拓宽家长和幼儿的视野。

楼梯是幼儿每天都要经过的地方，因此在楼梯的环境设计中，可以添加一些抽象的图画作品，或者加入四季的元素，以促使幼儿在日常活动中不经意地获取知识和受到教育。另外，在楼梯上可以增加一些脚丫图案装饰，不仅能增加环境的趣味性，还能使孩子们在上下楼梯时遵守规则并感到更愉快。

蒙台梭利认为幼儿园应该“为儿童设置有准备的环境”。大厅是儿童每日入园首先接触的环境，因此其环境创设的意义尤为重要。幼儿园大厅环境的创设应以幼儿为中心，注重激发幼儿的好奇心和探索欲望，同时营造温馨、和谐的氛围。在实际操作中，可从空间布局、色彩搭配、装饰物的选择等方面入手，打造一个符合幼儿审美、满足幼儿需求的大厅环境。

(一)合理规划空间布局

幼儿园大厅的空间布局应充分考虑幼儿的年龄特点和活动需求。一方面，要为幼儿提供足够的活动空间，让他们可以在大厅自由玩耍、交流；另一方面，要设置功能区域，如阅读区、手工区、展示区等，满足幼儿的不同需求。

(二)色彩搭配与装饰物选择

色彩对幼儿的心理和情绪有着重要影响。在大厅环境的创设中，应选择明快、温暖的色彩，让幼儿获得愉悦和安全感。同时，装饰物的选择也应符合幼儿的审美特点，如可爱的动物形象、卡通人物等。此外，还可根据节日或教育主题更换装饰物，增加大厅的趣味性和教育意义。

(三)注重环保与安全

在幼儿园大厅环境的创设中，环保与安全是不可忽视的因素。在选材上，应优先选择环保、无污染的材料，避免对幼儿健康造成影响。同时，要确保大厅环境的安全性，如注意地面防滑、做好家具圆角等，减少幼儿意外受伤的风险。

(四)专家观点与例证

专家认为，幼儿园大厅环境的创设应以幼儿为中心，注重激发幼儿的好奇心和探索欲望，同时营造温馨、和谐的氛围。例如，在大厅设置一个大型的互动墙，可以让幼儿在上面涂鸦、贴纸等，借此激发他们的创造力和想象力。

总之，幼儿园大厅环境的创设应符合幼儿的年龄特点和需求，注重色彩搭配、空间布局等方面的设计。只有这样，才能为幼儿营造一个舒适、安全，富有教育意义的成长环境。

第三节　幼儿园的心理环境创设

所谓良好的心理环境，一方面针对幼儿教师而言，指的是幼儿园内部成员之间建立了良好的人际关系，心理上相互协调，积极向前推进，形成和谐的工作氛围。这种环境能够让人们感到受到尊重，安全感满满，远离紧张、猜忌和相互制约的情绪，从而以欢愉的心情积极投入工作。另一方面是针对幼儿所指。良好的心理环境有利于儿童身心健康的发展。那么，如何创建良好的心理环境呢？下面从两个角度分别来谈。

一、教师心理环境的创设

(一)确立目标

目标是激发人们进取精神的动力源泉。如果一个幼儿园明确并切实可行地设定了目标，便能够鼓舞士气，激发内驱力，引导教职工自觉地控制行动、调整活动，朝着目标迈进。相反，如果幼儿园没有明确的发展规划和目标，工作人员就容易忙于应付琐事，士气低落，团队松散。比如，某幼儿园以“建设一流的幼儿园设施、一流的管理水平、一流的师资队伍、一流的教育质量”为总目标，同时设立了“获得省级示范园评定”的短期目标。尽管在与其他申报园的比较中，这家幼儿园尚存在一些差距，实现这个目标难度较大。但全园从园长到员工都充满信心，决心通过评定工作来提升自身素质，提高办园水平，改善办园条件。大家对这个目标达成了共识，行动上也更加默契，以此目标为引领，共同协作。经过半年的积极努力，这家幼儿园最终获得了省级示范园的评定资格。

可以看出，目标明确可以凝聚教职工的力量。目标的协调作用能使幼儿园建立“团结、敬业、勤奋、创新”的园风和融洽的人际关系。在荣誉感的激励下，大家工作越来越有动力，心中也越来越有希望。

(二)人尽其才

在社会活动中，只有看到自己的工作价值并能够实际体现这种价值，人们才会激发积极向上的动力，树立事业心和责任感。而发现自己的价值通常源自受到尊重、被信任的心理体验。在日常工作中，幼儿园管理者应努力营造这种氛围，让每位教职员工都感受到他们在整个幼儿园工作中是不可或缺的重要组成部分，无论个人能力大小，都能发挥作用，都是有价值的。因此，广大教职员工才会自觉地为了集体目标而投入精力，努力工作。

然而，每个人都有其长处和短处。对于长处的发挥有助于工作，可以被称为有才之人。问题的关键在于，园长应该如何让每位教职工发扬长处，同时避免自身的短处。研究者总结出了一套有效的方法，即“观察、利用、评价”。首先，通过观察和分析来了解每位教职工的政治素质、文化水平、业务能力、兴趣爱好、个性特点以及发展方向。其次，分析哪些人可以被培养成骨干，并为其制定工作安排，从而最大程度地发挥他们的长处，避免他们的短处。例如，某幼儿园有一位教师善于沟通，在课堂上的表现也非常出色。园长将她安排到领导全园各种活动的岗位上，以发挥她的才能，扩大其影响。结果，她成功地管理了各种功能活动室，开发了一系列丰富多彩的教育活动，为园区增添了一道道亮丽的风景。当然，除了合理地利用人才，园长还应重视有针对性地培养人才。

(三)正确用权

第一，园长要正确认识自己与群众的关系，注重形象的影响力。

众所周知，人们常常有喜欢模仿榜样的社会心理行为，所以园长的示范行为甚至比一百条命令更具影响力。园长的形象对幼儿园整体形象至关重要。作为一名幼儿园的管理者，园长必须注重自身形象的打造，严格自律，待人宽容。同时，必须有事业心和责任感，不断提高自己理解、执行政策的水平，提升业务能力和领导才能，同时还要有个人魅力。

第二，园长要以真诚的情感来获得群众的密切合作。

这种情感是联系群众、树立园长权威、激发群众积极性的重要心理因素。有一天下午，某园长在巡视班级时，发现一位教师坐在座位上发呆，孩子们有的在喝水，有的在吃苹果，有的在更衣，一片混乱。面对这种情况，园长没有立刻批评该教师，而是主动走过去帮助孩子们穿衣、纠正穿错的鞋子，给他们梳头。这名教师看到后也立刻进入工作状态，不久，整个班级就安静下来，孩子们结束了吃饭、更衣的活动。事后该教师解释说她是因为知道丈夫受伤而担忧，所以才出现情绪不稳定的情况。她对园长的理解表示感激，并承诺以后会更认真地工作，不再让类似情况发生。

第三，努力提高园长自身的能力，增强非权力影响力。

园长在群众中的影响力有两种主要表现：权力影响力和非权力影响力。权力影响力主要通过行政手段来实现，而非权力影响力则主要来自园长的道德、人格、修养、聪明才智等非权力因素。这种非权力影响力对群众的影响更加自然，比起权力影响力更有分量，更容易被接受。在日常工作中，园长应致力于提升自我素养，增加非权力因素的影响力。首先，要有强烈的事业心和进取心。园长的事业心和进取心是形成良好心理环境的重要因素之一。园长必须保持积极的精神状态，引导员工追求新的目标，以保持工作要求上的心理平衡。其次，园长必须拥有坚强的意志力。园长的坚强意志包括充沛的精力和坚韧的毅力。园长必须在工作中保持高度紧张和积极的态度，不怕困难，不气馁。同时，要有足够的耐心，不仅面对成绩不能盲目乐观、骄傲自满，还要经受住时间的考验，坚定从事幼儿园工作的信心。此外，还需要具备良好的组织和指导能力。园长的组织和指挥能力主要表现在充分发挥幼儿园人员、财务和资源的作用，尤其是调动员工的积极性，善于识人用人，善于发现和推广积极因素，协调内部关系，提高管理效率。最后，园长应该培养广泛的兴趣。兴趣是园长与员工进行心理沟通的基础之一。园长不仅应该对教育事业感兴趣，还应该对幼儿园工作涉及的各个领域感兴趣。从当前来看，作为园长，不仅需要具备教育学、心理学、管理学以及各种专业知识，还需要广泛涉猎计算机、外语、现代管理等领域的知识。这样才能激发各个层次和年龄段的员工的进取心。因此，作为园长，必须积极参与学习。

总的来说，要创造良好的心理环境，就要尽可能地增加对员工心理产生积极影响的因素，减少负面因素。只有这样，才能实现调动员工积极性和创造性的目标。

二、幼儿心理环境的创设

幼儿园幼儿心理环境的创设是教育工作者面临的一项重要任务。在这个阶段，孩子们正处于心理发展的关键时期，一个良好的心理环境能够帮助他们建立自信、培养社交技能、激发好奇心和创造力，为他们未来的成长和发展打下坚实的基础。

(一)营造一个温馨和谐的氛围

幼儿园应该成为一个让孩子们感到安全、舒适和愉快的地方。教育工作者要以亲切、关爱的态度对待每一个孩子，让他们感受到被接纳和尊重。幼儿教师要鼓励孩子们之间的互动和合作，培养他们的团队精神和互助意识。

(二)激发幼儿的好奇心和探索欲望

教育工作者可以通过设置各种有趣的游戏和活动，引导幼儿主动探索周围的世界。在这个过程中，他们可以发现自己的兴趣和潜能，从而更加自信地面对未来的挑战。

(三)注重幼儿的个体差异

每个幼儿都是独一无二的，教育工作者要尊重他们的个性，对其给予适当的指导和帮助。对于有特殊需要的幼儿，更应该提供有针对性的支持，使他们能够充分发挥自己的优势，克服困难，实现自我价值。

(四)与家长密切沟通

幼儿园应该成为家庭和学校之间的桥梁，让家长了解幼儿在园内的生活和学习情况，共同参与幼儿的成长过程。这样，家长和教师可以相互支持，共同为幼儿营造一个良好的心理环境。

总之，幼儿园心理环境的创设需要教育工作者的用心和努力。只有这样，我们才能为幼儿打造一个充满爱与关怀的成长空间，让他们在这里快乐成长，为明天展翅翱翔做好准备。

第七章

幼儿园一日生活的组织与保育活动

第一节　幼儿园一日生活基本内容与组织

幼儿园一日生活是指幼儿从入园到离园的一切活动的总和。一日活动的环节包括：入园—盥洗—进餐(劳动)—饮水—如厕—整理—加餐—离园。幼儿园一日生活的内容可分为日常生活、教育活动、游戏活动和户外活动四部分。幼儿园一日生活是一个有机的整体，各个环节相互衔接，旨在为幼儿提供一个健康、快乐、全面的成长环境。

一、幼儿园常规培养的基本内容

幼儿园的常规培养至关重要。对于常规培养的理解有不同观点，有人认为它是幼儿在幼儿园生活中应当遵守的基本行为准则，而有人将其视为幼儿园规范工作的一部分。

常规培养的三大内容如下：

(1)遵守各种活动和休息的时间及顺序的规定；

(2)遵守一日生活各环节具体制度的规程；

(3)遵守幼儿的一般行为规范的规定。

常规的建立对幼儿园教育有着非常重要的意义，能保证幼儿园一切活动顺利开展。

幼儿常规包括生活常规、游戏常规和学习常规。常规培养有四种作用：

(1)保证幼儿的安全；

(2)建立良好的班级活动秩序；

(3)帮助幼儿养成良好的习惯；

(4)促进幼儿自律能力的发展。

二、生活常规培养的常用方法

《纲要》中指出：“建立良好的日常规范，避免不必要的管理干预，逐步引导幼儿学会自我管理。”一个班级的日常规范良好与否直接影响到幼儿的生活环境和教师组织日常活动的质量好坏。因此，培养日常规范是幼儿园教育过程中不可忽视的一部分。以下是一些有效培养日常规范的方法：

(一)音乐的巧用

在整理玩具时，播放一些幼儿熟悉的歌曲，让幼儿在愉快的音乐中整理玩具。

在集体活动开始时，播放欢快的音乐，激发幼儿的兴趣，让他们欢快地回到座位。

洗手时，伴随着《洗手歌》，幼儿能更认真地完成洗手任务。

教幼儿排队时，播放欢快的音乐，能帮助他们快速排成整齐的队伍。

综上所述，固定的音乐是孩子们约定俗成的信号，能有效帮助幼儿逐渐形成条件反射，从而摆脱了教师平时一遍一遍说教的束缚。

(二)游戏的巧用

餐后，在培养幼儿用毛巾擦拭脸和嘴的习惯时，可以添加趣味元素，例如将这个活动变成有趣的“小猫咪擦脸”游戏。此举能激发幼儿养成卫生习惯的兴趣。

午餐后散步时，教师可以用语言引导，教幼儿学习小乌龟走路，借以增加活动的趣味性。

利用游戏教育幼儿，如将幼儿在活动中的表现与品德相联系，以引导他们形成良好的行为习惯。

(三)值日生的巧用

幼儿教师可以让值日生负责检查幼儿餐前和餐后的洗手情况，让值日生协助幼儿叠被子，让值日生分发活动材料；还可以指定某些幼儿担任班级中的“交警”角色。

值日生分工明确，刚开始可以请能力强的孩子来担任，后来再指定其他幼儿轮流担当。这是一个自我管理和管理他人的过程，能充分调动孩子的主动性和积极性，使其在自觉或不自觉的助人中学习常规。

(四)赞美、鼓励的巧用

在日常生活中，幼儿教师要经常给予幼儿积极、正面的肯定和鼓励，以增强他们的积极性和自尊心。例如，在洗手时表扬幼儿洗得干净、皂盒摆放整齐，或者鼓励他们认真洗手，告诉他们洗手后手部会有香皂的香气。

在日常生活中，幼儿教师千万不要因事小而吝于对幼儿进行鼓励和表扬，要牢记孩子们会因为你的一句简短的赞许开心许久，而更加努力地做好每件小事

著名教育家叶圣陶先生说过：“教育是什么，往简单方面说，只有一句话，就是养成良好的习惯。”好的常规，需要我们循序渐进地教育，而好的教育，更需要我们潜移默化地熏陶。可见，在幼儿的常规教育中寓教于乐是多么重要。

三、生活常规培养的策略

(一)从第一天入园开始培养幼儿的日常规范

当幼儿第一天来到幼儿园时，他们可能会感到不适应，经常哭闹，因为他们离开了家人，来到一个陌生的环境。在这个关键时刻，教师应营造熟悉的环境，吸引幼儿的注意力，让他们在宽松自由的氛围中逐渐适应新的生活。

(二)建立合理的日常规范

制定日常规范时，要考虑幼儿的年龄特点，确保规定不过于严格，以允许幼儿的自主性和独立性发展。规定要适合幼儿的身心发展水平，不应拘泥于细节，过于死板，应当根据实际情况灵活调整。

(三)随机教育，潜移默化

幼儿的日常生活活动为教师提供了观察幼儿行为和态度的机会。教师可以利用这些机会对幼儿进行随机教育，引导幼儿在不知不觉中形成良好的习惯。例如，通过观察幼儿的进餐行为，教师可以对他们进行品德和礼仪教育。

(四)因材施教，从实际出发

教师在培养幼儿日常规范时，必须考虑其个别差异，根据每个幼儿的实际水平和特点制订适当的培养计划。不同年龄段的幼儿需要不同的教育方法，要因材施教，循序渐进。

(五)保持一致性和一贯性

教师在培养日常规范时，应当保持一致性和一贯性，不要代替幼儿完成他们自己能够做的事情。同时，教师还要注意区别对待，因材施教，及时提醒和纠正幼儿的不当行为。

第二节　幼儿园一日生活中的常规培养

幼儿园中的常规培养是指通过建立一系列规则和规定，培养幼儿良好的行为习惯和生活自理能力，促进幼儿适应集体生活和自我发展的过程。常规培养的内容包括：遵守各种活动和休息的时间及顺序的规定；遵守一日生活各环节具体制度的规定；遵守幼儿的一般行为规范的规定，如礼貌、卫生习惯等。幼儿园的常规培养是幼儿教育中非常重要的一部分，可以帮助幼儿建立良好的行为习惯和生活自理能力，促进幼儿的全面发展。

一、区角活动中的常规培养

(一)游戏操作时要专心地玩、不争抢材料和区域

1. 墙上的暗示

为了规范孩子的行为，可设墙上提示。墙上的提示能起到无声的教育作用。可以让中班、大班的孩子们自己设计图形标识，引导他们模仿交通标识创建自己的区域标识。这些图示如“不争抢玩具”“不在教室内奔跑”“轮流游戏”等，都是生动易懂的内容，十分贴近孩子们的生活。

2. 柜上的暗示

在玩具柜上也可以张贴图文并茂的“温馨提示”，以备幼儿自我提醒和防止“违规”行为。孩子们制定的规则被记录下来，以文字和图形结合的形式打印出来，成为他们喜欢的“区域温馨提示”，贴在各个区域的玩具柜上。这些提示避免了教师发出消极

指令，同时规范了孩子们的行为。此举尊重了幼儿，发挥了孩子们在学习中的主动性，使他们能够享受教育。

（二）做游戏时要爱护操作材料，轻拿轻放

当提供新的区域材料时，幼儿教师可以精心设计生动的操作图示，以引导孩子们进行活动。例如，某幼儿园在科学区中，在瓶子上贴有“小心摔倒”的图示，旨在提醒孩子们在操作中保持稳定，注意卫生；在手工区，小筐上贴有“纸屑回家”的图示，提醒孩子们不乱丢纸屑，将纸屑放入小筐中。这些操作规则生动易懂，能有效培养幼儿的思维。教师还可以鼓励幼儿自己创造新的规则，并通过绘画的方式表现出来。这种方式能促使幼儿通过相互学习和评价建立新规则，在实践中有明显效果。

二、区角活动后的常规培养

在游戏结束时，教师要提示幼儿按照指示将游戏材料归位，并保持整洁。对于自由操作学习材料的幼儿来说，他们也需要适应环境的外部条件。经常维护环境的整洁和秩序，确保每个物品都有固定的位置，强调小心使用，并在使用后整齐归位，那么其他幼儿才能够使用。如果某物品不在原位，就意味着其他人正在使用，幼儿需要耐心等待。这种方式同样有助于幼儿成年后逐渐养成良好的工作习惯。

例如，某幼儿园在“串串乐区”，教师要求幼儿收拾和整理彩色珠子，并在墙上绘制了一排小女孩的图像，其中一个小女孩戴着美丽的项链。孩子们需要给其他小女孩戴上漂亮的项链，这就暗示着孩子们应将项链进行整理并摆放在一个地方。在美工区，教师将不同类型的材料分类放置，并贴上相应的图标。例如，一把剪刀的图标表示这是剪刀的位置，一个装有小鱼图标的筐子表示这是小鱼的家。这样，幼儿在整理玩具材料时可以进行分类学习。在数学区，教师可以将数字和图像相匹配，以鼓励幼儿按照数字和图案进行整理。这种方法将教学内容融入材料的使用和整理中，充分体现了区域的特色，使整理过程既有教育性又有挑战性和趣味性。

此外，教师还有一些常见的要求和措施，如：确保游戏材料与游戏内容相匹配，确保提供足够的材料满足幼儿的需求，及时更新材料以便幼儿使用等。对于教师的要求，幼儿园每天早上都会由早班教师负责将各个区域的操作材料放置好，及时调整、补充和修理受损的材料。如果开展主题游戏，小班的教师也会提前布置游戏场景，而中大班的幼儿则可以让值日生协助教师一起放置区域材料和布置游戏场地，以培养幼儿的责任感和任务意识。另外，幼儿园还采用信号管理的方法。具体信号及内涵如下：

1. 口头指令信号

教师直接告诉幼儿要做什么。语言应简洁明了。

2. 铃鼓信号

教师使用多种节奏变化，培养幼儿的注意力。

3. 音乐信号

教师通过播放幼儿熟悉的固定曲目，让幼儿知道何时该做什么。

4. 肢体语言信号

教师使用肢体语言提醒幼儿，通过眼神与幼儿进行交流，使用不同的手势与幼儿沟通。对于表现进步的幼儿，应及时给予表扬和鼓励，例如摸摸他们的头，用赞许的目光看着他们，或者竖起大拇指，在他们胸前贴上小五星鼓励他们，以进一步激发他们的积极性。

总之，在区角和游戏活动中，幼儿教师应从点滴之处入手，注重细节，帮助幼儿逐渐形成明确、统一、灵活且可持续发展的规则意识。这样可以使孩子的个性和社交能力得以充分发展，养成终生受益的好习惯。

三、集体教学活动中的常规培养

(一)坐姿常规的培养

无论是画画、数学活动、听音乐、学语言还是讲故事等，都需要孩子们遵守正确的坐姿规范，例如双脚并拢、笔直坐立、手放在膝盖上、注视老师等。如何培养良好的坐姿？首先，教师可以通过课程内容和要求来培养，例如播放有趣的儿歌，通过亲自做动作的方式教导幼儿，让他们容易接受。例如，儿歌《我是好宝宝》形象有趣，可以边唱边做动作，容易被中小班的幼儿接受；儿歌《学好样》鼓励孩子们坐得像大白鹅一样笔直。故事也可以是培养良好坐姿的好教材，例如故事《妞妞不扭了》和《猴子吃鸭蛋》生动形象地说明了坐姿不规范会影响学习，这些都是培养幼儿规范坐姿的有效途径。其次，通过比赛和奖励制度来鼓励幼儿。例如，让坐姿端正的幼儿参加坐姿比赛，对表现出色的幼儿进行奖励，对坐姿不好的幼儿提出希望，以加强正面激励。另外，教师的榜样作用也非常重要。几位教师必须紧密协作，确保自己保持规范坐姿，这样幼儿才能在日常生活中受到潜移默化的影响。此外，在活动中随机提醒和个别帮助也是很重要的，例如，在讲故事时，请坐得不规范的幼儿坐在老师旁边，或者在排队时，请坐得不规范的幼儿坐在前面，以便教师提醒和监督。同时，可以采用一对一的方法，让能力较强的幼儿坐在坐姿不好的幼儿旁边，两人互相对应，不断提醒和监督后者改进。家长也可以在家中要求幼儿玩一些“保持安静”的游戏，以帮助他们培养规范的坐姿。

(二)操作活动常规的培养

学习活动的主要形式是操作和游戏，因此在操作前、操作中和操作后教师都需要遵守规范。这包括如何操作、如何检查、如何使用学具，以及如何在操作过程中保持规范。培养好这些规范对于提高教学效果至关重要。培养这些规范的方法包括：在每次活动前，首先提出操作的要求，确保幼儿明白如何做。在操作过程中，及时发现表现出色的幼儿，给予表扬。例如，在撒花片后，要求孩子们集中讨论；用摇铃或拍手的方式提示幼儿坐好；如果发现某些孩子坐得非常迅速，教师可以立刻表扬他们。在操作中，教师的示范和练习也很重要，对于那些经常忘记规范的幼儿，可以重点介绍示范、练习和评比的过程，以加强他们的规范意识。

(三)搬桌椅常规的培养

搬桌椅时，需要遵守一些规范，如使用两只手搬动、轻轻搬动、不拖地等。为了贯彻这些规范，首先可以通过故事或拟人化的方式教导孩子热爱桌椅，使他们明白规范的重要性。其次，可以使用“三轻歌”(走路轻、说话轻……)来引导幼儿轻轻搬放桌椅。此外，通过示范、练习和评比来巩固规范，对于那些经常忘记规范的幼儿，可以重点介绍示范、练习和评比的过程，以加强他们的规范意识。在幼儿来园时，教师可以及时提出规范要求，使用眼神或手势对幼儿进行提醒。如果发现幼儿有进步，要及时表扬，以强化他们的积极性。总之，这一类的方法，可以培养幼儿正确的行为规范。

（四）集中注意听说常规的培养

正确的听说规范是学习中的基本要求，它有助于激发幼儿的积极思维和积极参与，包括不东张西望、不交头接耳、眼睛要看着前面或老师等规范。为了培养这些规范，首先，教师需要设计趣味化和游戏化的活动，使幼儿在学习活动中产生兴趣。活动的形式应该充满趣味，幼儿教师的语言、教材、内容等都应该能够激发孩子的兴趣。其次，教师的视线和态度也很重要，教师应该随时观察孩子的一举一动，及时提醒他们集中注意力。如果发现幼儿注意力不集中，可以用正面引导的方式，例如表扬某某幼儿听得非常认真，态度端正。对于那些注意力不集中的幼儿，要分析原因，他们可能是年龄较小，控制能力较差，或者家庭环境不利导致注意力分散。在这种情况下，需要进行个别谈话，并对幼儿逐步提高要求。总之，通过以上方法，幼儿教师可以培养幼儿在集体教学活动中遵守规范的能力，从而提高教学效果。

第三节　幼儿园常见安全事故的处理

在幼儿园的教育教学中，幼儿的健康是首要的，也是最基本的目标。受幼儿身心发展的阶段性与不平衡性影响，加之幼儿年龄较小，幼儿园生活和教育活动中，常有一些安全事故发生。对于各类安全事故，幼儿园应该加强管理和预防工作，增强师生的安全意识和防范能力。同时，家长也应该加强对幼儿的监护和教育，避免类似事故的发生。在发生事故时，要及时采取措施救治受伤人员，并积极配合相关部门开展调查和处理工作。

一、幼儿园常见外伤的处理

(一)擦伤处理

在幼儿园，幼儿常常在玩耍时摔倒，导致皮肤擦伤，特别是在夏季，这种情况更加常见。当幼儿擦伤皮肤时，首先需要观察伤口的深浅。如果只是表皮擦伤，只需清洁伤口上的泥沙即可。如果伤口较深且出血，应用自来水或生理盐水清洗伤口，然后消毒伤口，不需要包扎。如果伤势严重，建议立即就医治疗。

(二)扎伤处理

在幼儿园，应避免幼儿接触尖锐物，比如带刺的植物、木棍、竹棍等。如幼儿被竹刺、木刺扎入皮肤，处理方法如下：首先用自来水或生理盐水清洗伤口，然后用消毒过的针或镊子顺着刺的方向将刺全部取出，确保没有残留，然后用酒精消毒伤口。

如果刺卡在指甲里或难以拔除，应前往医院处理。

(三)文具划伤和切伤处理

幼儿在使用剪刀、小刀等文具时，或触摸纸边、草叶、打碎的玻璃器皿与陶器时，都可能发生手部划伤或切伤。处理方法如下：用干净的纱布轻压伤口止血，止血后用75%vol的酒精消毒伤口，然后敷上消毒纱布并进行包扎。如果是由玻璃器皿碎片扎伤的伤口，应先用清水清洗伤口，然后用镊子清除碎玻璃片，最后进行包扎。

(四)挤伤处理

幼儿的手指有可能会被门、抽屉挤伤，引起疼痛，严重时甚至可能导致指甲脱落。处理方法如下：如果伤口未破损，可用水冲洗后进行冷敷以减轻疼痛；如果伤势较重，可将伤处抬高以缓解疼痛；如果伤口出血，应进行伤口消毒、包扎和冷敷；如果指甲掀开或脱落，应立即就医。

(五)头部碰伤处理

头部碰伤在幼儿园中较为常见，通常只会擦伤皮肤或出现淤血。处理方法如下：如果有出血，应迅速使用干净的纱布轻压伤口止血，然后前往医院。如果伤口较浅，只需用生理盐水清洁伤口，然后敷上消毒纱布。对于头部碰伤，要特别注意观察幼儿的状态，如有呕吐、头痛、失去意识等情况应及时就医。

(六)跌伤处理

幼儿在幼儿园可能摔倒并跌伤，教师应做如下处理：如果幼儿在跌倒后短暂丧失意识，应及时观察有无呕吐、嗜睡等症状；如果出现这些症状，应立即送医院检查处理；对于严重的跌伤，应每隔一小时叫醒幼儿一次或按照医嘱进行观察和护理。

(七)骨折处理

如果幼儿跌倒时某个部位着地后不能立即起身，应注意观察其伤势并不要牵拉或强行抱起幼儿。教师应让幼儿尝试自己起身，并观察受伤部位。如果怀疑骨折，应及时寻求医疗救治，避免影响医生的治疗效果。

(八)头部摔伤处理

幼儿头部摔伤在幼儿园中也较为常见，可能导致幼儿头部出血。如果出血，教师或保育人员应迅速用干净的纱布轻压伤口止血，然后前往医院就诊；如果伤口未出血，要密切观察幼儿的症状；如幼儿出现呕吐，意识丧失，剧烈头痛，眼、耳、鼻周围出血，抽风，麻痹，言语障碍等症状，应立即就医急救。

(九)烫伤处理

春夏秋季，要注意预防幼儿烫伤。防范工作包括提前将开水灌入保温桶并保持水温在35—40℃，提前加热食物并稍加冷却后分发给幼儿，以及保持进餐秩序，培养幼儿的良好习惯。如果幼儿发生烫伤，应将其受伤部位冷却后就医。

(十)口腔、鼻腔、耳道、眼内、阴道异物处理

对于口腔、鼻腔、耳道、眼内、阴道异物，应根据具体情况采取不同的处理方法，并在必要时寻求医疗帮助。

二、为了预防事故的发生应做好防范工作

树立安全观念，加强安全措施，严格执行规章制度，实行安全一票否决制，培养幼儿的安全意识和自我保护能力。

在各项活动中，教师要加强指导和保护，根据幼儿的身体状况和特点合理安排活动，精心准备和检查活动器材，确保幼儿的安全。

了解幼儿的情绪变化，预防游戏演变成不安全的情况，特别注意情绪不稳定或出现宣泄情绪的幼儿，及时提醒他们安静下来。

定期检查幼儿园的设施设备，一旦出现事故，及时维修，同时分析事故原因，有针对性地开展安全防护工作，确保安全措施得以落实。

第八章

幼儿园游戏活动的支持与引导

第一节　幼儿园游戏的意义与价值

幼儿教育与游戏的融合是一项追求协调的实践过程，不可偏重一方而忽视另一方。在教学工作中，我们应该将教育方法、过程氛围以及孩子的活动体验都融入游戏中，这才是成功结合游戏和教育的关键。

马卡连柯提出，游戏是幼儿学习的一种教育形式，通过游戏，幼儿可以认识周围的世界，培养独立性、积极性、创造性和动手动脑的能力。

一、游戏在幼儿教育理念中的价值

1. 促进幼儿的身体发展

幼儿教育的首要任务是确保幼儿的健康和身心正常发展，而游戏在此起到了重要作用。通过游戏，幼儿可以反复练习各种基本动作，如抓、爬、滚、跑、跳等，这不仅锻炼了幼儿的身体，还提高了他们的反应能力和技能，增强了其对环境的适应能力。

2. 促进幼儿的智力发展

游戏是幼儿最喜欢的活动之一，通过游戏，他们可以展示内心世界，认知外部世界，培养观察、想象、思维和创造能力。不同类型的游戏，如角色扮演和积木游戏，都有助于幼儿的不同智力发展。

3. 游戏能培养幼儿良好的情感

游戏让幼儿表达情感、满足需求，并成为他们克服情绪紧张的方式之一。同时，游戏有助于幼儿社交性的发展，能提高幼儿的人际交往能力。

4. 增强幼儿社会性人际交往能力

游戏是幼儿相互交往的最佳方式，它有助于幼儿适应集体生活，学会遵守规则，理解他人，处理同伴关系，学习社交礼仪和技巧，提高语言表达能力。

5. 培养幼儿的健全人格，促进幼儿健康成长

在游戏中，幼儿可以自由表达情感，释放不良情绪，有助于其心理健康发展。此外，游戏也有助于幼儿各种能力的培养，如语言表达、观察、记忆、注意和思考等能力。

二、游戏在幼儿教育实践中的意义

1. 游戏能激发幼儿的求知欲

通过吸引幼儿的注意力和采取生动活泼的教学方式，教师可以通过游戏激发幼儿学习的兴趣，鼓励他们动手完成小制作。

2. 游戏能培养幼儿的想象创造能力

让幼儿模仿游戏中的角色或扩展游戏中的情节，可以提高幼儿的想象力和创造力，从而促进幼儿智力和能力的发展。

3. 促进幼儿德智体美劳的全面发展

优质的游戏可以包括音乐、动作、情感等多方面的元素，通过综合的游戏体验，可以促进幼儿德智体美劳的全面发展。

第二节　幼儿园游戏的基本类型

游戏是幼儿的主要活动形式，在幼儿园教育活动的组织过程中，教师要以幼儿为主，组织设计游戏，引导幼儿进行参与创造。幼儿园游戏类型多样，不同类型的游戏有不同的游戏规则与教育引导方法，教师应掌握不同游戏的组织与引导方式，帮助幼儿在游戏中发展。

一、创造性游戏和规则游戏

(一)创造性游戏

创造性游戏指的是幼儿自发构思的游戏，旨在培养幼儿的主动性和创造力，主要包括角色扮演、构建游戏和表演游戏。其中，角色扮演允许幼儿通过模仿和想象，创造性地体验周围的生活情景；构建游戏则是使用积木、沙子、石头等材料创建各种物品，以促进幼儿的设计和创造能力；而表演游戏则鼓励幼儿根据文学作品中的角色、情节和语言进行创造性表演。

(二)规则游戏

规则游戏是由教师组织和设计的游戏，要求幼儿遵守游戏规则，按照规定的步骤和方式进行活动，游戏的目的是让幼儿在游戏中达到特定的目标。这类游戏通常用于教学，包括体育游戏、音乐游戏和智力游戏。

二、主动性游戏和被动性游戏

(一)主动性游戏

主动性游戏是指儿童除了进行智力活动外，还需要进行运用肢体活动的游戏。在这种游戏中，幼儿可以自主控制游戏的速度和方式，包括绘画、手工制作、积木搭建、玩具游戏、角色扮演、沙盘游戏、水上游戏以及唱歌等。

根据不同的游戏方式，主动性游戏可分为以下四种：

1. 操作性游戏

需要运用四肢大小肌肉进行的游戏，包括需要手脚协调的攀爬、抛掷、追逐等活动，以及使用手腕、手掌、手指等进行的推拉玩具、搓泥巴、拼图等活动。

2. 建构性游戏

幼儿使用积木或拼插玩具制作房屋、桥梁或其他物品。

3. 创造性游戏

需要幼儿用心创作，运用简单的材料制作物品，以体现他们的创造力，包括美术活动、沙盘游戏、水上游戏等。

4. 想象性游戏

幼儿利用现有的物品或玩具，凭借想象力进行角色扮演游戏。

(二)被动性游戏

被动接受游戏是相对静态的活动，幼儿只需观看、听讲故事，欣赏音乐等，而不需要进行身体活动。

三、手段性游戏和目的性游戏

手段性游戏是指以游戏的方式实现教育和教学目标的游戏，也可以称为教育游戏，为玩而玩，旨在获得游戏体验。

目标性游戏是为幼儿提供纯粹的游戏性体验，其目的在于让幼儿自由地玩耍。

这两种游戏分类各有其独特的意义。工具性游戏将游戏作为教育和教学的手段，通常需要教师进行较多的指导，幼儿在游戏中的自主性受到一定的限制。而目标性游戏则注重游戏本身，让幼儿在游戏中自主掌握行为，自由参与游戏。在实践中，由于教师缺乏操作性的指导，有时幼儿游戏可能会变得过于形式化。

四、游戏的三维度分类法

有研究者曾提出用三个维度来为游戏分类，包括个体一社会维度、生理一心理维度、认知一情感维度，每个维度又分为五类：满足性游戏、适应性游戏、运动性游戏、认知性游戏和情感性游戏。

第三节　幼儿园游戏材料的选择与投放

幼儿园在组织与实施游戏前，教师要为幼儿准备好游戏材料，丰富、科学的游戏材料能够辅助游戏更好地得以实施。游戏材料的选择与投放有基本的原则与方法，同时具体的选择与投放策略也要和幼儿园教育实践相结合。

一、材料选择与投放的基本原则

(一)激发性原则

设立区域活动的目的是让幼儿积极参与，幼儿可以通过与环境的互动实现身心全面发展。因此，选择和投放区域活动的内容和材料必须能够吸引幼儿的兴趣，鼓励他们积极主动地参与活动。

(二)发展性原则

发展性原则涉及幼儿的成长，因而具有阶段性、顺序性和连续性特征。教师需要了解幼儿的一般发展规律，同时也要尊重每个幼儿在发展过程中的特殊性。选择区域活动的材料应符合幼儿的心理和生理发展程度，同时也要遵循学科知识的发展规律，以促使幼儿身心协调、和谐地发展。

(三)个性化原则

每个幼儿的发展状况都不相同，受到年龄、智力水平、知识经验、兴趣、需求和个性等多方面因素的影响。这些因素也会影响幼儿对活动的参与。因此，区域活动的选择和投放应提供丰富多样、多功能、多层次的材料，以满足每位幼儿的个性化需求，使他们能够在特定的且适合自己的环境中积极参与，不仅在不同层次上得到发展，而且在不同特点上也得到相应的发展。

（四）全面性原则

《纲要》强调满足幼儿的“多方面发展需求”，即培养全面发展的儿童。材料选择和投放应考虑满足幼儿的运动、社交、认知、情感和艺术等多方面需求，以使幼儿能够全面发展。

（五）自主性原则

区域活动是幼儿的自主活动，应提供一个无压力的环境，让幼儿自主选择材料，在宽松的氛围中进行自由的探索和活动。这样，幼儿可以以生动、活泼、主动、愉快的方式参与活动，在不知不觉中学习，体验成功的乐趣。

（六）自然性原则

自然性的环境有助于幼儿探索内外世界。这一原则体现在两个方面：一是要根据环境情况灵活地选择材料，使用周围的自然物品；二是要根据季节变化，提供丰富的资源。

（七）多样性原则

幼儿园应为同一教育内容提供不同形式的材料。例如，在数学区的计数活动中，可以提供雪花插片、火柴棒和纽扣等不同材料，这些材料在属性和功能上有很大的差异，可以激发幼儿多次进行计数练习，丰富他们的计数经验。

（八）层次性原则

层次性原则包括同一活动的层次性和前后活动的层次性。对于同一活动，可以根据幼儿的能力水平提供不同层次的材料，以满足不同发展水平幼儿的需求。同时，前后活动也应具有系统性，从易到难，逐步递进，以有计划地引导幼儿发展。[1]

二、材料选择和投放的基本依据

(一)合理划分区域

在活动室内设置不同的区域活动时，应考虑教育目标，以满足幼儿在身体、语言、认知、社交情感和美感等方面的发展需求。区域活动可以分为建构、美劳、表演、益智、角色和运动六大类，每类又可以划分为不同的小类。例如，角色区可以帮助幼儿认识社会，发展社交技能，角色区的材料应充分满足这一需求。

(二)按区域特点选择基本材料

每个区域的特点不同，因此选择基本材料时应考虑区域的性质。例如，角色区的材料应具有平等性和多元性，以支持社交互动。科学区的材料应具有探索性和多样性，以促进幼儿的科学探索。操作区应提供多种不同难度的材料，以适应不同幼儿的能力水平。语言区的材料应丰富多样，以培养幼儿的语言能力。美工区的材料应具有可塑性和创造性，以促进幼儿的艺术表现。积木区的材料应反映时代性和社会性，以支持幼儿的建构活动。音乐区的材料应多样，可以让幼儿体验音乐的美妙。运动区的材料应具有运动性和差异性，可以满足幼儿的运动需求。电脑区的材料应具有新奇性和实用性，以支持学习和游戏活动。

---

① 刘焱．儿童游戏通论[M]．北京：北京师范大学出版社，2004.

(三)按主题灵活选择材料

按主题选择材料有助于有计划、有目标地投放材料，且便于教师寻找合适的材料。主题选择材料不仅是教学活动的延伸，也是教学主题活动的补充。例如，针对夏季主题，可以投放与夏季天气特点相关的材料，如太阳伞、扇子和帽子等。这有助于幼儿对季节的认识和理解。

三、材料选择和投放的具体策略

(一)投放具有挑战性和探索性的材料

在幼儿教育中，环境被视为第三位老师，它具有可调节性和适应性，可以满足不同幼儿的需求，激发他们的认知、情感和社交学习。因此，在选择和投放材料时，应避免随意性，注重挑战性和探索性。可以留出空白区域，鼓励幼儿大胆地想象和探索，提供多种组合和操作方式，以激发幼儿的好奇心和探索欲望。同时，要确保材料充足，以满足幼儿的自主活动需求。

(二)提供不同层次的活动

不同年龄段的幼儿具有不同的注意力水平，提供过多材料可能会分散他们的注意力，影响活动质量。因此，幼儿园应根据幼儿的年龄和能力，提供不同层次的活动，以满足他们的需求。这要求幼儿教师应有计划地制定活动方案，从易到难、由小到大，逐步发展幼儿的兴趣和技能。

(三)支持、启发和引导幼儿适应环境

在幼儿教学中，外部环境对幼儿的发展起着重要的辅助作用。教师可以在活动前进行准备工作，如收集材料和设定目标，并邀请幼儿参与。在活动开始时，教师可以在一旁提供支持，让幼儿发挥想象力并且自主操作。这种互动过程有助于提高幼儿的动手能力、语言交流能力、人际关系和思维能力等方面的能力。它还可以激发幼儿的好奇心，培养其解决问题的能力。

综上所述，选择和投放活动材料是幼儿园教育中的重要问题。幼儿园教师在教育工作中应对此不断改进和总结经验，可以帮助幼儿逐渐适应环境，培养能力，积极探索，以实现全面发展，这才是开展活动的根本目标。

第四节　幼儿园区域游戏的设计与指导

幼儿园区域游戏的设定在幼儿成长中扮演着至关重要的角色，不同类型的游戏区域对幼儿的成长有着不同的影响。幼儿园的教育目标、内容、形式和方法都会在一定程度上受到物质环境的影响，因此，幼儿园应该致力于创造出有益于儿童成长的科学游戏环境。这种科学的游戏环境对幼儿的智力和认知能力的发展有着积极的促进作用。下面将主要从角色扮演游戏区和其他区域来谈论。

一、角色扮演游戏区的设计

幼儿最熟悉的地方是家庭，其最早接触和了解的劳动是家务活。因此，娃娃屋都是角色扮演游戏的核心主题。以此为出发点，我们可以扩展出以社会生活为主题的活动，如餐厅、超市、医院、邮局、工厂、图书馆、火车站、博物馆等。

小班的角色扮演游戏区主题最好以家庭生活为主；到了中班，可以引入更多反映社会生活的主题活动；而大班的角色扮演游戏区则可以更加丰富多样。

二、语言图书阅读区

在这个区域，我们主要侧重于图书阅读，同时提供一些语言游戏，如接龙拼图、拼贴讲述、连词句、编故事、讨论对话等。语言图书阅读区的活动主要服务于正规的教学活动。因此，语言游戏可以是正规教学活动的重复或延伸，教师应该为幼儿提供更多的图片等可操作的材料，同时也要为幼儿提供丰富多样、数量充足的图书。

三、美工区

美工区的活动内容包括平面造型，如绘画（包括彩笔画、水彩画、水墨画、手指画、刷画、拓印等）、利用自然材料（如沙子、树叶、蛋壳等）进行剪贴和撕贴，还有立体造型，如捏泥、捏面团、折纸、捏黏土等。此外，还包括利用废旧材料（如纸盒、易拉罐、纸杯等）制作手工艺品，以及与节日活动相关的彩环、灯笼等装饰品的制作。

美工区的材料应尽可能种类多样，包括各种纸张、彩笔、颜料、剪刀、胶水、橡皮泥等，需要教师精心准备和分类，以确保活动的多样性和丰富性。

四、科学发现区

科学发现区的活动内容包括感官活动，如触摸不同材质的物品、嗅不同的气味、尝不同的食物、辨别相似的声音等；声音活动，涵盖声音的传播、声音的产生和不同声音的辨别；光线活动，包括镜子的反射、万花筒、哈哈镜等；电力活动，如简单电路的连接和手电筒的拆卸组装等活动；磁力活动，包括探索哪些物体可以被磁化、制作指南针以及各种磁性游戏；力学活动，包括使用跷跷板、天平进行实验，研究物体的滚动等活动；此外还有水和空气方面的活动等。

五、益智区

益智区的活动内容包括数学活动，涵盖计数、计算、分类、排序、测量等活动；构图造型，包括图形拼图、形体拼折构图、回形针拼图等；还包括棋类和扑克牌等游戏。

益智区应该设在相对安静的地方，可以与语言图书阅读区、美工区相邻，为幼儿提供一个安静的环境。

六、操作区

在操作区内，可以安排手指配合的活动，如给娃娃喂食、穿珠子、系纽扣、编织塑料管、拼插玩具等。这些活动较为简单，适合小班和中班上学期的幼儿进行。此外，还可以安排需要手指、手掌和手腕协调配合的活动，如拧螺丝、打开瓶盖、系鞋带、绣花、编织、使用筷子夹物品等。这些活动需要更精细的动作协调，适合中班下学期和大班的幼儿。

根据具体的活动内容，要提供相应的材料，并根据难易程度有计划地投放。操作区应该设置在光线充足的地方，适宜与其他较安静的区域相邻，以便为幼儿提供适宜的学习环境。

第九章
幼儿园教学实习课程方案

第一节　幼儿园教学活动的类型及特点

在当今社会，幼儿教育越来越受到人们的重视，它不仅关乎孩子的成长，更与国家的未来发展息息相关。众所周知，幼儿园是孩子们社会化过程的起点，是他们从家庭走向社会的第一站。而在这个特殊的阶段，幼儿园教育活动起着至关重要的作用，它涉及孩子情感、社交、认知、体能等多方面的发展，是促进幼儿全面成长的重要手段。

幼儿园教育活动的设计和实施，不仅需要充分了解幼儿的发展特点，还要紧跟国内外教育理念的最新发展。传统与现代的教育方法在实践中相融合，旨在激发每个孩子的潜能，满足他们多方面的学习和成长需求。本文将对幼儿园教育活动的类型和特点进行全面的概述，帮助大家更好地理解这一阶段幼儿在园所的学习和生活。通过深入解析教育活动的不同形式和内涵，我们可以更清楚地看到，如何通过这些活动培养幼儿的各种能力，以及如何更好地指导他们适应和融入社会。

一、幼儿园教育活动的类型

(一)集体活动、小组活动和个别活动

从形式上划分，教育活动可分为集体活动、小组活动和个别活动。集体活动是由教师有目的地组织全体幼儿参与的计划性教育活动，通常时间较为集中和固定，组织管理较为严格。小组活动则是针对特定区域的活动，幼儿可以根据自己的需求在同一时

间内自主选择不同的活动，教师会根据幼儿的表现进行指导和互动，小组活动较为灵活，教师能更多地关注个别幼儿的需求。个别活动是为了满足某些幼儿的特殊需求而开展的个性化教育活动，如针对有特殊才能或需求的幼儿提供特殊教育，针对性较强。

(二)自主生成的活动与教师预设活动

从教育活动的来源来看，可以分为幼儿自主生成的活动和教师预设的教育活动。这两种形式主要涉及教育活动的发起方。通常情况下，幼儿自主生成的教育活动更能满足幼儿的个体需求和兴趣，但其计划和目的性较为灵活，需要教师具备较高的专业知识和教育引导能力。教师预设的活动则更加有针对性和计划性，应经过充分准备，注重教师的引导和组织作用。

二、幼儿园教育活动的特点

(一)生活化

幼儿的年龄特点和身心发展需要决定了幼儿园教育的广泛性，也决定了教育内容应具有生活化特征。除了学习认知世界和智力发展的相关内容外，还需要培养幼儿生活技能和做人的基本态度和能力，如卫生习惯、自理能力、社交技能等。这些广泛的学习内容无法仅依靠教师组织的教育活动来完成，也不能通过口头传授实现，必须由幼儿在实际生活中学习。即使是认知方面的学习，也需要与幼儿的生活经验紧密结合，才能被幼儿理解和接受。因此，幼儿园的课程应具有浓厚的生活化特征，课程内容源自幼儿的日常生活，课程贯穿于幼儿的日常生活之中。

(二)游戏化

游戏符合幼儿的年龄特点，能够满足幼儿的各种身心需求，是幼儿园教育的核心活动之一，也是教育的基本原则之一。从本质上看，游戏是幼儿自主参与的主体性活动，对幼儿的发展具有多方面的价值。游戏是幼儿的主要活动形式，也是他们基本的学习方式。因此，在幼儿园的课程中，游戏扮演着非常重要的角色。

(三)活动性和直接经验性

幼儿主要通过各种感官来认识世界。只有在积累了丰富的感性经验后，幼儿才能理解事物，形成相对抽象的认知。幼儿的认知方式具有行动性和形象性，因此，幼儿园的课程必须以幼儿主动参与的教育性活动为基础。对于幼儿来说，只有在活动中的学习才具有意义，只有在直接经验的基础上幼儿才能对学习内容有深入的理解。

(四)潜在性

尽管幼儿园教育是有明确目标和计划的教育过程，但幼儿通常无法明确理解这些目标和计划。他们更多地感受到的是环境、活动、材料和教师的行为，而不是教育者的教育目标和期望。幼儿园的课程内容和目标存在于环境、活动、材料和教师的行为中，会潜移默化地对幼儿产生影响。

第二节　健康领域的教学要求与组织形式

在当今社会，健康已成为评价一个国家和民族发展水平的重要标准。特别是对于处于成长发育阶段的幼儿而言，健康不仅关乎他们当前的生活质量，更与国家的未来息息相关。因此，如何在幼儿教育中实现健康教育目标，培养幼儿的自我保护意识，提高他们的生活技能，已经成为教育工作者和家长们普遍关注的话题。

一、健康领域的教育目标

(1)帮助幼儿适应幼儿园生活，保持情绪稳定。

(2)培养其良好的生活和卫生习惯，以及基本的生活技能。

(3)了解初步的安全和健康知识，使他们知道如何保护自己。

(4)激发幼儿对体育活动的兴趣。

二、健康领域的组织形式

根据活动场合，我们可以将健康教育划分为以下形式：健康生活活动、健康谈话、体育活动、户外区域健康活动、运动会、远足活动(或短途旅行)等。

(一)健康生活活动

健康生活活动的主题可以由幼儿自己提出，可以由师生共同决定，也可以由教师确定。无论如何，我们都强调幼儿在活动中要积极参与和探索。我们鼓励师生共同构建活动主题网络，通过环境创设和情景设置(例如故事、图片、幼儿的生活实例、参观等)引发幼儿对环境的兴趣，引导他们从被动体验过渡到主动体验。我们提供充分丰富的信息内容，以激发幼儿的探索兴趣。我们致力于将幼儿的新知识与旧知识联系起来，引发认知冲突，有效地促进幼儿在健康生活方面的情感体验。我们强调激发幼儿的内在动机，应努力引导他们从周围环境中主动发现他人的生活经验和卫生安全知识，这不仅提高了幼儿的自理能力，还培养了其良好的习惯。

(二)健康谈话

幼儿园的健康谈话是教师了解幼儿情绪、心理需求的最佳途径，能帮助幼儿对教师建立信任和亲密关系。教师可以通过健康谈话为幼儿提供建议和解决问题的方法，帮助幼儿走出心理困境。一般应选择私密空间，使用开放性问题，教师应努力激发幼儿表达的欲望。

(三)体育活动

体育活动是有目的、有计划、有组织的运动，重点是身体的锻炼和动作体验，旨在全面培养幼儿的身体素质、基本活动能力、体质和智力、良好品格等。因此，幼儿体育课是实现幼儿体育任务的基本途径之一。在幼儿的体育教学活动中，幼儿教师要考虑幼儿的认知特点、发展规律以及身体机能活动的规律和动作技能形成的规律。幼儿体育课应当符合幼儿的生理、心理特点和发展水平，以游戏为主要活动形式，不设统一的达标要求，而是旨在提高每个幼儿的体质水平，使他们在原有基础上有所提高。

(四)户外区域健康活动

《规程》规定，幼儿每天应有至少1小时的户外体育活动时间，因此，户外区域健康活动是幼儿体育活动的重要组成部分。在户外活动中，幼儿园应提供足够的体育设备和广阔的场地，鼓励幼儿进行个人或小组活动，以满足不同兴趣、爱好和能力水平的需求。幼儿教师应给予幼儿更多的自由，让他们自由选择运动项目、器材和伙伴，以便他们根据兴趣、爱好和能力来选择活动，从而自主地发展体能，轻松愉快地参与活动。同时，尊重幼儿的选择也有助于培养他们的独立性、自主性和目的性，促进其社交能力的发展。

(五)远足活动(短途旅游)

远足活动强调幼儿步行到某一目的地的过程，注重幼儿意志的磨炼和体能的提高。在组织远足活动时，幼儿园应根据幼儿的年龄特点和身心发展规律，设计适当的路程和活动强度，确保活动安全。活动形式应多样化，内容丰富多彩，以保持幼儿的兴趣。同时，幼儿教师要确保活动的安全性，教导幼儿自我保护的方法，以防止意外事件的发生。短途旅行是指幼儿在一个较短的时间内参观不同的目的地，如公园、儿童乐园、动物园、植物园等。这种旅行不仅可以提高幼儿的体质，培养他们的环境意识和开展科学启蒙教育，还可以增强他们的社交能力。

(六)运动会

运动会是幼儿体育活动的一种形式，注重全员参与，具有娱乐性和多样性。它可以包括亲子活动、趣味比赛、民族运动会、体育表演等各种形式，旨在丰富幼儿的生活，激发他们参与体育活动的兴趣，建立集体意识。运动会通常以幼儿园为单位进行，如果有较大的园区也可以分片进行。这种活动的特点是每个幼儿都能参与，准备工作相对简单，不会干扰正常的生活和教学秩序，让幼儿和教师都能轻松愉快地参与其中。

第三节　幼儿身心状况发展与指导

在幼儿成长的不同阶段，他们的身体和心理发展都呈现出独有的特征。作为父母、教师或是照护者，理解这些特征不仅有助于把握幼儿的成长轨迹，还能更好地为他们提供必要的支持和引导。本节内容将重点讨论幼儿身心状况的发展特点，并探究如何有效地指导幼儿，促使他们在各个阶段都能得到健康、平衡的发展。我们将从幼儿的身体发展讲起，再逐渐过渡到其心理发展的各个方面，为大家呈现一幅全面、细致的幼儿成长画卷。

一、幼儿身体发展与指导

(一)幼儿机体各部分的机能发育尚不成熟

在幼儿期，孩子的身体发展备受关注，因为他们的生理功能还没有完全成熟。尽管在这个时期，幼儿的身体生长速度已经减缓，但仍然相对较快。每年，他们的身高会增加 4—7 厘米，体重也会增加约 4 公斤。尽管他们的新陈代谢非常活跃，但是身体各部分的功能尚未充分成熟，因此他们对外界环境的适应能力和抵抗疾病的能力相对较差。

幼儿教师和家长需要注意以下几点，以促进幼儿的身体健康发展：

第一，避免让幼儿进行过长时间的剧烈活动，如跳跃和奔跑，以免对其心脏造成过重负担，影响其发育。

第二，幼儿的肺功能相对较差，呼吸频率较快。因此，幼儿教师和家长应鼓励幼儿养成通过鼻子呼吸的习惯，以预防感冒和肺炎。

第三，幼儿的血液含水量较高，凝血能力较差。在出血时，他们的血液凝固速度较慢，因此如出现贫血问题需要对他们进行及时治疗。

第四，幼儿的免疫系统相对较弱，容易感染各种传染病。因此，幼儿教师和家长应注意提高幼儿的免疫力。

第五，幼儿的听觉和嗅觉十分敏感，要特别注意保持其耳鼻的卫生，以预防其患中耳炎等疾病。

第六，幼儿的排尿次数较多，自我控制能力较差，需要幼儿教师和家长培养他们良好的排尿习惯。

第七，幼儿的皮肤娇嫩，容易受伤或感染。他们的温度调节功能尚不如成人，容易受到气温变化的影响，因此幼儿教师和家长需要确保他们随时增减衣物以适应不同的天气条件。

(二)幼儿期是大脑皮层细胞新陈代谢最旺盛的时期

大脑是掌控和协调身体各项功能的核心，同时也主导思维过程。

大脑在幼儿期的发展具有以下特点：

第一，幼儿期末，大脑皮层的各个区域已接近成人水平。

第二，幼儿的大脑皮质分区功能是相对的，这意味着损伤某一部分不会导致永久性功能丧失，因为其他部分可以代偿。

第三，幼儿的大脑代偿机能在其年龄较小时更为强大，这使得他们在发展过程中更容易克服障碍。

教育专家马卡连柯强调，教育的基础主要在 5 岁以前奠定，因此在这个时期，幼儿教师和家长应注重孩子的大脑发育，为他们未来的学习和成长打下坚实基础。

二、幼儿的心理发展与指导

幼儿的心智包括心智过程和个性心智特征，亦称为心智现象。这些心智现象由大脑这个主要承担心智功能的生理器官所产生。在正常的成长环境和教育背景下，婴幼儿时期儿童心智成长的主要特征如下：

(一)幼儿的注意是不稳定、不持久的

婴幼儿只有面对新奇、引人注目、强烈、活跃、多变的具体形象，以及能够激发他们兴趣和需求的事物，才能够聚焦注意力，但容易受到更强烈的新刺激的干扰而转移注意力。研究表明，在适宜的教育环境下，3 岁幼儿的注意力可连续集中 3—5 分钟，4 岁的幼儿可以集中注意力约 10 分钟，5—6 岁的幼儿则可以保持 15—20 分钟的稳定注意力。然而，幼儿注意力的集中时间受到其个性、兴趣和智力水平的影响。那些兴趣浓厚、情感丰富、思维敏捷的幼儿更容易集中注意力且较为稳定。注意力是幼儿认知客观事物的前提条件，直接关系到他们入学后的学业成绩。因此，家长应高度重视幼儿的注意力培养与发展。

(二)幼儿以无意记忆为主，形象记忆占主要地位

在婴幼儿期，任何明亮、生动、有趣、引发情感反应的对象或通过多次重复呈现的事物都能够自然而然地被儿童记住，如有趣的游戏、生动的故事等都能够被其牢记。这表现为无意识记忆和形象记忆的主要方式。而在 5—6 岁的幼儿中，有意识记忆开始显著发展，这是记忆发展的一个重要转折点。在这个阶段，幼

儿不仅能够努力地记住和回忆其所需的信息，还能够运用一定的技巧来增强记忆力。而掌握系统科学知识和技能则需要有意识记忆。因此，家长应该重视培养孩子的有意识记忆。

幼儿的记忆特点之一是形象记忆占主导，而词汇记忆逐渐发展。他们更容易记住直观、形象的材料，相对来说更容易记住具体描述而不是抽象的原理和词汇。但总体来说，5—6 岁的幼儿的词汇记忆发展程度高于形象记忆。记忆是人类生存和发展的必要条件，没有记忆，思维将永远停留在婴儿的水平上。记忆是一台极其有效的生物计算机，因此幼儿教师和家长应该重视培养和发展儿童的记忆能力，为他们未来的成长打下坚实的基础。

(三)幼儿无意想象占优势，想象具有复制性和模仿性

婴幼儿初期的想象通常由外界刺激直接引发，往往没有明确的主题或目标。他们的想象容易受外部刺激的影响，想象的主题也容易变化，不能坚持一定的目标。幼儿在游戏中可能将椅子当成火车，然后又将其当作舞台，以便利用小动物模型进行表演。此外，婴幼儿的想象常常具有夸张性，倾向于夸大事物的某些特征或情节。而且，他们在此时往往难以清晰地区分想象与现实，容易将其混淆。这正是婴幼儿想象发展的特点，家长应帮助儿童区分想象和现实。

随着幼儿的成长，其有意识的想象能力开始发展。在这个阶段，幼儿可以围绕特定主题运用已学习和掌握的知识、经验和词汇来编织故事，并使其更连贯和合理。因此，在教育培养幼儿时，幼儿教师应利用他们的无意识想象来引发其有意识想象，设计生动、形象、新颖、多样的教育内容，以吸引他们的兴趣，然后逐渐引导他们发展有意识的注意、有意识的记忆和有意识的想象。

(四)幼儿的思维特点以具体形象性为主

婴幼儿时期，幼儿的思维主要是具体形象思维，即依赖感官经验和具体的事物形象来思考和解决问题。他们的思维活动主要表现为模仿性思维、类比性思维、具体概括性思维、反应性思维等。例如，幼儿在游戏中可能会模仿成年人的行为，如做家务、做饭、穿衣服等。此外，他们可能会将不同的对象或事件进行类比，将它们联系在一起。抽象思维是指不依赖具体形象和感官经验，而是依赖概念、符号、逻辑等抽象思维形式进行思考和解决问题。抽象思维的发展通常在幼儿 5—6 岁后逐渐显现。在这个阶段，幼儿开始能够理解和运用抽象概念、逻辑关系和符号，能够进行一定程度的抽象思维活动。

在幼儿的思维发展中，具体形象思维和抽象思维是相互关联、相互促进的，而不是相互割裂的。因此，在教育培养儿童时，应根据他们的认知发展特点，采用适当的教育方法和教育内容，既注重培养具体形象思维，又逐步引导和发展抽象思维。

(五)幼儿语言的丰富发展促进了幼儿抽象逻辑思维的萌芽与发展

在婴幼儿时期，幼儿的语言主要是表达性语言，即用语言来表达自己的感受、需求、愿望等。他们通过哭泣、笑、咿呀学语等方式来表达自己的情感和需求。随着年龄的增长，幼儿的语言能力逐渐发展，开始使用单词和简单的语句来表达自己的意思。在这个阶段，幼儿的交际语言逐渐发展，他们能够与他人进行简单的交流和对话。

家长和教育者应该重视幼儿的语言发展，为他们提供丰富的语言输入和交流机会，鼓励他们表达自己的思想和感受，同时也要注意引导他们学会倾听和理解他人的意见和情感，培养其良好的交际能力。

(六)幼儿期是言语发展的重要时期

研究表明，幼儿期是人一生中言语能力迅速成长的时期，也是最关键的时刻。在这个阶段，幼儿的听觉和言语器官逐渐成熟，已经具备正确发音的条件。3—4 岁时，他们的发音机制已经开始稳定。家长应特别注意教导孩子使用标准的普通话语调，如果孩子在这一时期，发音不准确或方言口音较重，以后将更难改正。5—6 岁的幼儿词汇量从 3 岁的 800—1000 个增加到 3000—4000 个。在日常语言交流中，他们通过模仿学习，逐渐掌握了并列句和复合句等多种句式，句子长度也有所增加，能够较系统和连贯地表达自己的思想、叙述经历或描述事物。总体来说，幼儿的口语水平在这个阶段仍然较低。

幼儿 5 岁左右开始产生内部语言。在内部语言发展的过程中，存在一种被称为“自言自语”的语言形式，介于外部语言和内部语言之间。幼儿常常在活动或游戏中自言自语，这是言语发展的正常表现。家长应理解并注意观察，对孩子在自言自语中提出的问题，如“奇怪！哪里错了”“怎么办呢”或者反映错误认知的情况，如“不听话就打死你”“我给你小汽车玩，一元钱一次”等，应及时并耐心地提供帮助或纠正。

幼儿期言语发展的主要任务包括：协助孩子正确发音、扩充词汇、培养口头表达能力，以及培养其对文学作品的兴趣。

(七)幼儿的情绪具有外露、肤浅、易冲动、不稳定等特征

在幼儿早期，他们还不擅长控制和调节情绪，因此，很容易受到周围环境的影响，毫不掩饰地表现出来。他们可能因为微小

的事情而哭泣，但一旦有其他刺激，他们会立刻欢笑，情绪迅速变化，快速忘记不愉快的事情。当家里来客人时，孩子们最容易激动，甚至会把所有的玩具都展示给客人看。进入幼儿园后，只要有一个孩子哭着和妈妈告别，其他孩子也会跟着哭泣。这是因为在幼儿期，孩子的大脑皮层兴奋容易扩散，抑制能力较差，所以容易受到情境和他人情感的影响。到了幼儿期中期，孩子的情绪开始变得稍微稳定，他们喜欢与同龄孩子一起玩耍，可能会因没有玩伴而感到苦恼。而在幼儿期晚期，孩子的情绪变得更加稳定和深刻，遇到不愉快的事情时可能会持续不开心，表现也更加内敛。

（八）幼儿期是个性开始形成的时期

个性指的是个体的需求、兴趣、理想、信仰等意识和在气质、性格、能力等方面常常表现出来的稳定的个性特征。

在3岁之前，婴儿已经展现出初步的个性差异。而在幼儿期，孩子们的个性特征已经明显可见，例如在气质和性格方面，有的好动、灵活、反应快；有的安静、稳重、反应较慢；有的容易哭泣、情感激动；有的活泼、开朗；有的善于社交；有的则强势、好强。他们在绘画、手工、歌唱、舞蹈、体育、讲故事以及数学等方面表现出的能力也初步展示了个人的兴趣和特长。尽管如此，距离个性定型还有很大的差距，因环境和教育的影响，幼儿的个性还会不断地发展和变化。其中，家庭教育起着关键作用。家长不应溺爱孩子，应该为孩子创造与其他儿童互动的机会，指导孩子处理好与同伴的关系，提供丰富有趣且有益的活动，提供必要的资源，使孩子在温馨和谐的家庭中，通过与其他孩子的互动和游戏，学习知识、拓宽视野，体验获得友情、遵守纪律、展示勇气和帮助他人的乐趣，进而促进幼儿健康个性的正常发展。

第四节　幼儿的动作发展与指导

探索幼儿的世界，就如同解读一部关于成长与变化的奇妙史诗。在这个过程中，幼儿的动作发展起着不可或缺的作用，它不仅关系到幼儿的身体健康，更在潜移默化中影响着幼儿的心理成熟和社会适应。因此，对幼儿动作的发展及其规律的了解，显得尤为重要。本节将详细地介绍幼儿在不同成长阶段的动作发展特点，并探讨家长和教师在指导中的关键角色，旨在为幼儿创造一个安全、愉快且充满挑战的成长环境。在这个环境中，孩子们能够自由地探索，大胆地尝试，不断超越，从而拥有一个健康快乐的童年。

一、幼儿动作发展的规律与特点

(一)幼儿动作发展的规律

1. 从上到下

幼儿的动作发展遵循一个从上到下的规律，即上半身的发展早于下半身。动作的发展从头部开始，逐渐向下延伸，首先是头部动作的发展，然后逐渐涵盖上肢和下肢。

2. 从大到小

这意味着幼儿最初会发展涉及大肌肉的动作，然后逐渐转向小肌肉的动作。例如，在手部动作的发展中，最初发展的是与手臂大肌肉相关的伸展动作，然后逐渐发展到涉及手指小肌肉的抓握、拿取等动作。

3. 从简单到复杂

幼儿最初的动作是简单的，涉及身体的个别部位。例如，伸展手臂、踢腿或转头等。随着发展，他们逐渐能够协调多个动作，执行复杂的游戏活动。

4. 从不随意到随意

幼儿动作的随意性与目的性逐渐发展。最初的动作是不随意的，通常是无目的的，由外部刺激引发。例如，看到光线或感触到东西时，幼儿的头会转动或手会抓握。渐渐地，动作变得更加有目的性和主动性。例如，在游戏中，幼儿会主动搜索目标，如寻找藏在某处的物体。

(二)儿童动作发展的特点

1. 幼儿头部动作的发展

头部动作是幼儿最早开始发展的，也是最早完成的动作。头部动作的发展通常按照一定的顺序进行：在出生时，幼儿能够左右转动头部，俯卧时能稍微抬头。但如果不扶持其头部，幼儿的头部会下垂。一个月大的婴儿仍然不能将头部竖直，但在俯卧位时能抬起下巴。幼儿两个月大时，被抱着时头部可以竖直但仍不稳定。幼儿三个月大时，头部能够竖直且稳定。幼儿四个月大时，头部能够稳定竖直，而且在俯卧位时能够抬头。幼儿七个月大时，仰卧时能够抬头。

2. 幼儿躯体动作的发展

躯体动作的发展包括翻身和坐立的动作。例如，在两个月大时，幼儿能够挺胸。三个月大时，幼儿能够从侧卧位翻转到仰卧位。四个月大时，幼儿能够被扶着坐直。五个月大时，幼儿能够从仰卧位翻转到侧卧位。六个月大时，可以在有扶栏的椅子上坐，但身体前倾时需要用手支撑。幼儿七个月大时，能够从仰卧位翻转到俯卧位，并且可以独立坐一会儿。幼儿十个月大时，能够自行从躺位坐起。幼儿十二个月大时，可以自己站立。

3. 儿童行走动作的发展

幼儿的行走动作发展通常经历爬行、站立和行走三个阶段。例如，七个月大时，幼儿尝试爬行，主要依赖膝盖和大腿的移动。八个月大时，幼儿可以匍匐爬行，通常腹部贴地，用手臂和腿前进。十个月大时，幼儿可以用手和膝盖爬行，不再用腹部。十二个月大时，幼儿可以独立站立。十五个月大时，幼儿可以独立行走。十八个月大时，幼儿虽然能够行走，但步态不稳定且容易摔倒。两岁时，幼儿行走已经相当熟练，能够大步且稳定地跑步，还能够踢皮球和上下楼梯。两岁半时，幼儿能够双脚跳跃，单脚站立片刻(约 2 秒钟)，还可以踮着脚走几步，或者从椅子上跳下。三岁时，幼儿能够单脚独立站立。

4. 儿童抓握动作的发展

抓握动作是幼儿手部动作发展的重要标志。在出生后的六个月内，婴儿的抓握动作开始发展。三个月前的婴儿基本上将手捏成拳头，手脚乱晃。四至五个月大的婴儿虽然会伸手抓物，但通常是整只手抓，不稳定。这些动作具有很高的不随意性，手会接触到什么就抓住什么。六个月大时，婴儿仍然用整只手抓握，不使用拇指，但能够将物体从一只手转移到另一只手。八个月大时，婴儿抓握物体时大拇指和其他四个手指能够分开，使用拇指抓握物体。十个月大时，婴儿能够协调手眼动作，将物体从一处放置到另一处。十八个月大时，幼儿可以叠放两三个物品，推拉玩具等。两岁时，幼儿可以翻书，使用手指一页一页地翻书。两岁半时，幼儿手和手指的动作协调程度相当高，手指灵活，能够使用手指拿筷子和笔。三岁时，幼儿能够用手绘制圆圈，自己把水倒入杯子，解开和扣上纽扣。

幼儿早期的动作发展虽然主要受到身体发育的影响，但环境也会对其产生影响。例如，行走动作的发展需要腿部、腰部骨骼和肌肉的成熟，但独立行走的技能需要在成人的帮助和自己练习下逐渐发展。幼儿的一些动作如果没有相应的环境和练习，可能无法良好地发展。例如，印度的狼孩卡玛拉长期生活在狼群中，森林中没有适合其正常生活的环境。因此，到了 14 岁时，他仍然无法稳定地行走，直立行走能力甚至比 2 岁的幼儿还要差。因此，家长及教师应根据幼儿动作发展的规律，提供适当的环境和练习机会，以促进幼儿动作能力的发展。

二、幼儿动作发展的指导

(一)场地的划分与布置

为了促进幼儿的动作技能发展，幼儿园必须提供足够的活动场地。这些场地可以被划分为跳跃区、投掷区、大器械区等不同的区域，以便教师更好地观察幼儿的发展情况，并调整教学策略。

(二)体育活动的材料与有效使用

体育活动中，体育材料是不可或缺的。体育材料必须具有吸引幼儿兴趣的特点。研究发现，幼儿会选择他们自己感兴趣的玩具参与活动，因此选择合适的体育材料对于引发他们的兴趣至关重要。

(三)发挥教师在体育活动中的作用

在自由活动中，许多幼儿可能仅仅拿着体育材料玩闹而没有充分利用。在这种情况下，教师可以参与游戏，与幼儿一起玩，并引导他们发现体育材料不同的玩法，以确保他们在体育活动中有所收获。

(四)认真备课和制定目标与计划

一次成功的教学活动需要做充分的准备工作。体育活动也需要精心地备课和计划。教师应了解整个班级的发展水平，制定适当的发展目标，并制订周、月和学期计划，以帮助幼儿更好地掌握动作技能。

(五)家园共育促进和不断巩固动作技能

家庭和幼儿园的合作一直都是我们推崇的。家长可以将体育游戏带回家，与孩子一起享受游戏的乐趣，从而在日常生活中不断地巩固和发展幼儿的动作技能。

第五节　幼儿生活习惯与生活能力的发展与指导

在快节奏的现代生活中，幼儿的生活习惯与能力发展显得尤为重要。一个孩子是否能够拥有健康的生活态度，能否独立完成日常任务，不仅关乎他(她)未来的个人成就，还可能影响到社会的和谐与进步。因此，本节将集中探讨如何帮助幼儿树立正确的生活指导原则，培养其自我管理能力，让他们从小就具备良好的生活习惯，为未来的成长道路打下坚实的基础。通过科学的方法，以及家长、教师的共同努力，我们可以引导孩子们步入正确的人生轨迹，享有一个更加美好的未来。

一、幼儿良好生活习惯的培养

(一)生活有规律

幼儿的生活习惯对于其身体健康至关重要，因此，我们要着重培养他们按时作息、注重卫生习惯，如定期洗手、早晚刷牙，并教育他们尊重公共卫生，不随手乱扔垃圾。为了养成这些习惯，幼儿教师和家长应保持幼儿的生活作息规律一致性。长期坚持下去，幼儿将逐渐学会自主制定适合自己的作息时间表。这种规律的生活习惯将有助于培养幼儿的时间观念和自我控制力。

(二)自己的事情自己做

家长不应该代替幼儿做他们本可以自己完成的事情，而应该鼓励幼儿自己动手。例如，让幼儿自己洗一些小衣物，这不仅是为了完成家务，更重要的是培养幼儿的责任感、自理能力、自尊心、自信心以及解决问题的能力。这些都是培养幼儿健康个性的基础。此外，让幼儿参与家务工作还有助于他们理解合作和共同目标的重要性。当幼儿习惯自己动手，他们的独立性和自我责任感就会显著增强。

(三)学会节俭

幼儿乱花钱的问题可能源于家长未培养他们的节俭意识。培养孩子的节俭习惯很重要。首先，平时应给幼儿定量的零花钱，并让他们自己决定如何使用。如果他们提前把钱花光了，不要让他们预支，要让他们学会理财和节制。同时，家长也应该以身作则，避免攀比。可以让幼儿体验一些赚钱的活动，这将帮助他们更懂得珍惜金钱。

(四)上网要有度

幼儿教师和家长在使用电视和互联网时要以身作则，减少看电视时间，多读书，用实际行动来影响幼儿。引导幼儿玩有益于智力和身体健康的游戏，避免暴力和色情的内容。培养幼儿的多种兴趣爱好，让他们不只是专注于游戏。在幼儿玩游戏前，制定游戏规则，并坚守规则，不要因为幼儿的表现好就随意放宽规则，这样会让游戏成为奖励，激发幼儿的兴趣。幼儿教师应耐心引导幼儿，培养其自制力，避免与幼儿形成管制和被管制的关系，培养幼儿自我控制的习惯。

(五)待人有礼貌

幼儿要学会待人有礼貌，这是培养其教养的一部分。幼儿教师和家长应该教育幼儿进别人房间前敲门，不乱动别人的物品，接待客人时懂得礼貌，尊敬老人和长辈，同时也要尊重公共场所的秩序，保持环境的卫生。这些礼貌习惯将有助于培养幼儿的社交技能和人际关系。

（六）养成读书的好习惯

培养幼儿的阅读兴趣可以从他们感兴趣的东西开始，例如带图的故事书或他们喜欢的电视剧剧本。在幼儿热爱阅读之后，逐渐引导他们阅读更多的书籍，幼儿教师可以陪伴幼儿一起阅读，但同时也要鼓励他们独立阅读。

二、幼儿生活能力的发展与指导

（一）把握习惯养成的时间段

专业机构的数据显示，在学龄前培养幼儿良好的自理生活习惯十分关键。因此，家长要抓住这一时期，为幼儿提供各种机会来培养其自理能力。例如，3 岁的幼儿可以自己倒水喝，4 岁的幼儿可以自己端碗吃饭，5 岁的幼儿可以自己穿脱衣服。通过给予幼儿这些机会，他们将逐渐习得各种自理技能。

（二）给予幼儿鼓励和帮助

家长应该鼓励幼儿，给予他们在培养自理能力方面的支持。家长的鼓励和帮助对于幼儿养成积极的生活习惯非常重要。不要嘲笑幼儿的努力，相反应该鼓励他们，帮助他们解决问题。要记住，聪明的父母总是用欣赏的眼光看待孩子。

（三）为幼儿创造自理机会

聪明的幼儿教师会有意识地为幼儿创造自己独立自理的机

会。例如，适时地要求幼儿自己处理一些生活事务，并给幼儿指示，然后让他们自己来完成生活自理的任务。这种方式有助于培养幼儿的自立性。

(四)相信自己的孩子能行

幼儿教师要相信幼儿，不要怀疑他们的能力。如果一直对幼儿表示不信任，会影响他们的自信心和自尊心。幼儿教师应该鼓励孩子，让他们早日学会自己处理生活事务，例如自己系鞋带、自己穿衣服。早期的培养对于幼儿的成长和发展具有重要意义。

第十章

幼儿园语言领域和社会领域的实习实践

第一节 语言领域的教学要求与组织形式

语言，是人类沟通交流的桥梁，也是幼儿思维、情感与社交能力发展的关键。对于幼儿来说，语言不仅是说与听的工具，更是探索世界、表达自我、与他人建立关系的手段。如何在孩子上幼儿园这一关键时期，针对其语言领域，进行科学、系统的教育与培养，确保幼儿在与人沟通、与世界交流时，既能自如表达，又能深度理解他人，是每位教育工作者与家长所关心的问题。

一、语言领域的目标

培养儿童运用语言进行社会交往的兴趣；培养儿童清晰地表达自己的思想和经历的能力；培养儿童倾听和理解他人言辞的能力；培养儿童对图画书和图书的喜爱之情。

二、语言领域的教育要求

营造自由、放松的语言交流环境，积极支持、鼓励幼儿与教师以及同伴之间的对话，让他们享受语言交流的乐趣；培养幼儿专注倾听的习惯，促进其语言理解能力的发展；鼓励幼儿用清晰的语言表达自己的想法和情感，培养其语言表达的技能；教导幼儿使用礼貌的语言与人交往，帮助其养成文明社交的习惯；引导幼儿接触优秀的儿童文学作品，让他们体验语言的丰富和优美；培养幼儿对生活中常见的简单标记和文字符号的兴趣；利用图书和绘画激发幼儿对阅读和书写的兴趣，培养其前阅读和前书写的技能；为其提供听说普通话的语言环境，帮助幼儿熟悉、理解并掌握普通话。同时，协助少数民族地区的幼儿学习本民族的语言。

三、语言领域活动的指导要点

幼儿的语言能力是在实际运用中逐渐发展的，因此语言教育应当紧密结合幼儿的日常生活和各种活动展开。语言学习具有个体差异，教师应注重与幼儿进行个别互动，同时也鼓励幼儿之间进行自由的交流。语言能力是一项综合能力，儿童的语言发展与情感、思维、社交参与水平、交流技巧、知识和经验等方面的发展密不可分，因此语言教育应该融入跨领域的综合教育。

四、幼儿园语言领域教育的方法

语言教育的方法是指幼儿教师为幼儿提供语言学习和应用的机会的方式，主要包括以下几种：

(一)示范模仿法

教师通过自身规范的语言示范为幼儿树立语言学习的榜样，让他们在良好的语言环境中自然地模仿学习，包括使用规范、礼貌和适当的语言，同时示范重要音、词和句型，促使幼儿有意识地模仿，提高其语言水平。

(二)视听讲做结合法

提供多种听说环境，使幼儿在观看、聆听、模仿和实际操作中发展语言技能，教师需要对幼儿进行有效的启发和指导。

(三)游戏法

通过规则明确的游戏培养幼儿的倾听和表达能力，如发音游戏、词汇游戏、识字游戏等。

(四)表演法

教师应引导幼儿学习表演文学作品，以提高他们的语言表达能力。表演需基于幼儿对作品内容的理解和熟悉，注重教师的示范和引导，降低难度，有时也可由表现能力较强的幼儿进行示范。

第二节 幼儿听说能力的发展与指导

在人类的成长过程中，语言能力的养成尤为关键，它不仅关乎幼儿的个人发展，还与其未来的社交、学习和思维能力紧密相连。特别是在幼儿阶段，孩子们对于听和说这两种基本技能的掌握，直接影响着他们对世界的认知和未来学习的路径。因此，本节将系统地探讨幼儿听说能力的培养，深入分析在不同阶段和场合下，如何科学、有效地引导幼儿，让他们在轻松愉快的环境中，自然地习得倾听和表达的技巧。从激发幼儿的学习兴趣，到使其融入日常活动，再到注意个体差异，每一个环节都是促进幼儿语言能力发展的重要支点。同时，幼儿教师在这一过程中应发挥主导作用。

一、幼儿倾听能力的培养

(一)注重激发幼儿倾听的兴趣

幼儿的主动学习动力在于兴趣。只有当倾听的内容引起幼儿的兴趣，他们才会积极地参与倾听活动。首先，教师需要巧妙地选择倾听内容，根据幼儿的年龄特点和发展需求来确定合适的内容。例如，对小班的幼儿，可以选择简短、有趣、易懂的儿歌和故事；对中班的幼儿，可以选择稍长、生动形象、具有表演性的内容；对大班的幼儿，可以选择相对较长、情节复杂、有一定难度的内容。其次，教师要敏锐地捕捉幼儿感兴趣的话题，因为孩子们通常对自己关心的话题更感兴趣。例如，电视上的儿童食品广告常常吸引孩子们的注意。教师可以组织孩子们模仿广告，让他们互相倾听和学习，从而激发他们的兴趣。最后，教师应该及时发现幼儿的进步，并给予充分的肯定和积极的鼓励，因为孩子们总是渴望得到成人的表扬。这种积极的反馈可以进一步激发幼儿的倾听兴趣，这对于胆小的孩子更加重要。

(二)注重在一日活动的各个环节中渗透倾听习惯的培养

培养习惯需要时间积累，不是一蹴而就的。因此，我们应该在日常活动的各个环节中不断地强调倾听习惯的培养。幼儿是否能听清楚并理解老师的指导，直接影响到他们的参与和学习。为了让幼儿愉快、顺利地参与活动，教师应该在每个活动环节都提醒幼儿认真倾听。例如，点名是培养其倾听习惯的好机会，教师可以要求幼儿仔细听，看谁的耳朵最灵敏，能一次听清楚自己的名字。逐渐地，可以加入更多的变化，让幼儿在点名时养成良好的倾听习惯。另外，在热点讨论中，教师可以引导幼儿倾听同伴的发言，让他们互相倾听和评价，从而培养幼儿良好的倾听习惯。

(三)运用多种游戏培养幼儿的倾听能力

幼儿喜欢玩游戏，通过有趣的游戏形式练习倾听技能可以收到良好的效果。例如，可以玩“录音机”游戏，让幼儿模仿并重复自己听到的话语，以此激发他们的竞争欲望，让他们努力成为最好的“录音机”。又如，“改错”游戏可以让幼儿纠正教师故意说错的句子，这种游戏能够让幼儿更加关注语言的细节，培养他们的倾听技能。通过有趣的游戏，幼儿对倾听的兴趣会被激发，倾听能力也会逐渐提高。

(四)注重个别差异，促进幼儿的倾听能力

每个孩子都是独特的，他们的情况各不相同。因此，在培养幼儿的倾听能力时，需要关注幼儿的个体差异，为不同的幼儿提出不同的要求。对于能力较强的幼儿，可以提高要求，让他们更有挑战性；对于能力较弱的幼儿，要降低要求和难度，适应幼儿的水平。同时，针对不同情况的幼儿可以采用不同的方法，例如，对于胆小的孩子，可以多与他们聊天，建立亲近感；对于倾听能力较弱的幼儿，可以减慢语速，使用手势、眼神和动作来帮助他们理解；对于倾听能力较强的幼儿，可以提供更多有趣的故事和儿歌，让他们练习复述和朗诵。最重要的是，教师要不断地关注不同幼儿的表现，给予及时的帮助和指导。

二、幼儿表达能力的培养

(一)在非正式的教学活动中发展幼儿的语言表达能力

非正式的教育活动是指幼儿自发地在特定环境和自然状态下进行的学习活动，这些活动是由内在需求驱动的。教师的任务是为幼儿提供学习工具和玩具，为幼儿创造学习环境，让他们能够自愿、自由地参与学习。《纲要》强调，幼儿的语言能力是通过积极主动地运用语言来发展的，不仅依赖于教师的直接教导。因此，在非正式活动中，幼儿可以在自然状态下运用语言进行学习和交往。

1. 创设宽松、自由的环境，让幼儿敢说

一些幼儿可能刚入园时比较胆小，害羞，不愿在众人面前表达自己，感到周围的环境陌生，情绪不稳定，缺乏安全感等。在

这种情况下，教师需要创造一个宽松的环境，让每个幼儿都能找到自己的空间，自由地表达自己的想法和情感。宽松而和谐的语言环境是培养幼儿语言表达能力的基础，这种环境体现了教师与幼儿关系的平等，尊重幼儿的人格，使他们愿意说出自己的想法和感受。

2. 准备丰富、有趣的材料，让幼儿可说

在非正式的活动中，通常会提供丰富的教具和材料，这些材料根据幼儿的兴趣、需求和年龄特点进行设计和使用。这些材料会暗示幼儿，激发他们的表达欲望。例如，在盖瓶盖的活动中，幼儿可以通过实际操作来表达自己的观察和发现，这种经验积累有助于他们积极表达。

3. 进行反复、多次的尝试，让幼儿练说

要提高幼儿的语言表达能力，需要在日常生活中多次重复练习。在每次正式活动之前，通常会进行 2～3 次的非正式活动，每次活动中，每个幼儿都有多次选择和操作材料的机会，这为他们提供了多次表达的机会。这些练习可以帮助幼儿更好地掌握语言表达技巧，逐渐提高表达能力。

(二)让幼儿多看、多听、多说、多练

孩子只有真正学会说话，才能自由地与人交往，同时也更容易接受成人传授的知识和经验。教师在教育工作中，应该有计划地丰富幼儿的生活内容，增加他们的知识，扩展他们的视野，培养他们多方面的兴趣。这样才能激发他们的求知欲望，引导他们仔细观察，认真分析，扩展并加深对周围事物的认识和理解，发展他们的口语表达能力。

1. 多看

教师可以有计划地引导幼儿直接观察事物，激发他们的学习

兴趣。例如，教师可以告诉幼儿某个季节的特点，然后鼓励他们在生活中观察和寻找这些特点。这种方法可以让幼儿积极地参与学习，自己发现并表达观察和发现。

2. 多听

首先要求幼儿学会倾听，听懂别人说的话。因此，教师可以通过各种方式鼓励幼儿多听。例如，可以播放录音故事，邀请幼儿针对故事内容互相交谈，引导他们聆听不同的声音，然后让他们模仿和表达自己的想法。这样的活动有助于培养幼儿的倾听技能，加强其对语音的分析和理解。

3. 多说

为了培养幼儿的表达能力，教师应该为幼儿创造说话的机会，鼓励幼儿多说。在与幼儿的互动中，教师可以与他们交谈，建立亲近感，使他们愿意表达自己的想法和感受。如果幼儿的语言表达不当，教师应该及时纠正并帮助他们改进。

4. 多练

要提高幼儿的语言表达能力，需要幼儿进行反复多次的练习。幼儿的发音和语法需要在实际语言实践中逐渐掌握。因此，教师应该给幼儿提供多次练习的机会，创造多样化的语言实践环境。通过不断练习，幼儿可以逐渐提高自己的语言表达能力。

最后，要注意倾听幼儿的表达。教师应该关注幼儿的语言，倾听他们的想法和感受，这有助于建立更紧密的师生关系，同时也能更好地指导他们的语言发展。

总之，以上方法，可以培养幼儿的语言表达能力，帮助他们更好地与他人交流和表达自己的想法和情感。

第三节　幼儿阅读、书写的准备与指导

在快节奏的现代生活中，幼儿教育正日益受到家长和教育者的重视。特别是幼儿阅读与书写能力的培养，更是幼儿教育的重要组成部分。孩子们对世界充满好奇和探索的欲望，他们对周围世界充满了无限的想象。因此，如何有效地指导他们，帮助他们开启阅读的大门，激发其书写的热情，是每个教育工作者和家长都需深思的课题。

一、幼儿阅读能力的培养

(一)培养幼儿的阅读能力首先要引发幼儿的学习兴趣

幼儿在小班阶段，就要培养他们对书籍的兴趣。可以通过讲述有趣的故事来引导他们，然后问他们这些故事的来源，以引导他们对书本产生兴趣，进而激发他们对文字的兴趣。

阅读兴趣需要通过环境和氛围来保持和巩固，这需要长期的坚持和努力。一旦幼儿对阅读产生了初步的兴趣，教师就可以有意识地引导他们阅读。一开始，教师可以朗读故事，让幼儿聆听，然后逐渐引导他们指着文字，跟着教师一起读。

(二)培养幼儿阅读的能力要遵循的基本原则

1. 弃用孤立的识字方式，将随文识字作为主要方式

例如某幼儿园使用“鹤立阅读丛书”等作为早读课的教材。教师在进行早期阅读训练的时候，不仅仅教幼儿识字，还注重将字

融入句子和文本中，让幼儿在有趣的诗歌和故事中感受语言文字的魅力。

2. 首先阅读书籍，然后识字

一般的阅读训练流程是先教幼儿识字，然后开始阅读。而当前的先进教育理念主张先让幼儿阅读书籍，然后再帮助他们认识其中的生字，即随文识字。这种方法可以让幼儿在阅读中逐渐掌握字词。

3. 综合运用手、眼、口、脑

在阅读时，幼儿教师应尽量调动幼儿的各种感官，使它们同时参与，专注于每个字。可以总结为四句话：用手指着字，用眼睛看字，用嘴巴念字，用大脑记字。一开始，幼儿可能会乱指，因此需要教师和家长共同帮助幼儿进行有节奏的指字训练。

4. 满足幼儿的内在需求

在进行早期阅读训练时，必须考虑幼儿的天性。活动应该趣味盎然，包含小游戏，此外，还要让每个幼儿都能获得鼓励。同时，要加强家庭与幼儿园的联系，鼓励幼儿在家中展示他们所学的内容，得到家长的鼓励，以此激发幼儿学习的热情。

(三)培养幼儿的阅读能力的具体操作方法

1. 故事提示法

教师在与幼儿分享故事时，随着情节的展开，应巧妙地引导幼儿注意故事中的关键要素。举例来说，在《狼和小羊》的故事中，当一只小羊前往溪边喝水，一只狼突然出现时，教师可以提出问题："故事中出现了什么?"幼儿会回答："狼。"这时幼儿教师可以强调"狼"这个关键词，反复提问："狼出现了吗?"同时展示"狼"的字卡，让幼儿在互动中口中说"狼"，眼睛看"狼"，手指指向“狼”。通过这种方式，幼儿不仅能更好地理解故事情节，还能加深对汉字“狼”的认知。

2. 随文识字法

当幼儿积累了一定的识字能力后，可以鼓励他们独立阅读材料，如果遇到生字，先圈画，再由教师提供帮助识记。

3. 猜测推断法

这种方法与实际阅读法相似，不同之处在于当幼儿遇到生字时，教师不再立即提供帮助，而是鼓励幼儿根据上下文和语境进行猜测和推测，试着发音。这种方法能培养幼儿的自主阅读能力和自信心。

在使用实际阅读法和推测与猜测法时，要避免走两个极端：一是过于强调生字，导致阅读内容被忽略；二是只关注泛泛的阅读，而不注意关键点，这样会降低效果。

(四)培养幼儿的阅读能力是一个长期积累的过程

培养幼儿的阅读能力不是一蹴而就的，需要长期积累。在日常活动中，幼儿园可以举办讲故事比赛和角色扮演游戏，让幼儿将通过阅读学到的故事和诗歌与其他孩子分享，这既巩固了他们对阅读的兴趣，又提高了其表达能力和自信心。此外，通过设立阅读角和提供丰富的阅读材料，以及鼓励家长为幼儿订阅适合他们年龄的阅读材料，可以帮助幼儿培养阅读习惯。

有实验表明，一般情况下，经过两年的阅读教育，幼儿的识字量就可以显著增加。其中，有50％的幼儿能够无障碍地阅读图书，30％的幼儿能够基本无障碍地阅读图书。由于阅读的广泛性，他们的视野也会扩展，同时还会获得更多的课外知识，理解能力和表达能力也能有所提高。

二、幼儿书写准备的培养

(一)掌握正确的执笔方式及书写姿势

在幼儿园时期，幼儿的前书写任务主要是掌握正确的握笔方法和书写姿势，培养良好的书写习惯。在幼儿开始握笔写字之前，需要对其进行肌肉协调性的训练，帮助幼儿更灵活地控制手指的运动，包括拇指、食指和中指的协调动作，以及手腕的运动。如：

1. 开展小肌肉协调性练习

教师可以带领幼儿做一些小手部运动操，或者在不同区域提供一些锻炼幼儿手部小肌肉的材料，比如玩积木、搓塑料泥、撕纸、剪纸等。这些练习可以在中小班阶段开始，为幼儿前书写做好准备。

2. 发展手腕动作

在户外活动中，可以让孩子们玩一些轻型器械，以锻炼幼儿的大肌肉，促进协调发展。另外，在进餐时，引导幼儿正确地使用筷子也有助于培养其手腕动作能力。

3. 培养手眼协调

有多种活动可以培养幼儿的手眼协调能力，这些活动可以是专门的教育活动，也可以渗透到日常区域活动中，如穿珠子、系鞋带、绘画、剪贴、用绳子打结、系扣子等。

(二)养成良好的书写习惯

家长和幼儿园教师应按照正确的握笔姿势和坐姿标准来指导幼儿书写，帮助他们养成良好的书写习惯，包括：

(1)书写时保持正确的坐姿。

(2)书写时眼睛和书保持适当的距离。

(3)掌握正确的握笔姿势。

(4)目光随手由左而右移动习惯等。可以编幼儿容易接受的、朗朗上口的儿歌，让儿歌来督促幼儿养成良好的书写习惯。

(三)利用有趣的形式练习基本笔画

幼儿教师可以通过绘画帮助幼儿练习基本笔画，绘画的内容可以是汉语拼音字母的形状、数字字形或汉字的一些笔画。这些绘画内容应该足够简单，适合幼儿练习，例如，绘制泡泡形状来练习类似汉语拼音字母中的“o”，或者绘制水波纹来练习类似汉语拼音字母中的“m”。

幼儿教师可以使用数字提示来帮助幼儿练习笔画的顺序，比如让幼儿根据箭头和数字提示，画出特定的笔画。也可以使用虚线图画让幼儿将虚线连接成实线，这种练习有助于幼儿提高手部控制能力。还可以进行专门的前书写游戏，如连线游戏，最初是连接点与点，逐渐引入书写规则。也可以开展一些有趣的描写游戏、复印汉字游戏、汽车绘画、拼字游戏、砂纸绘画等，这些活动既能丰富幼儿的书写知识，又提高了他们的注意力和手眼协调能力。还可以让幼儿练习限制线段的绘制，例如，在规定的区域内画点和线，掌握笔画的起始和结束点，练习直线和斜线等。让幼儿练习画长线，可以绘制一些图案，如“小动物钓鱼”或“小鸡和气球”，这些活动有助于幼儿掌握手腕、手指、纸张和笔的协调，以确保笔迹流畅。

第四节 社会领域的教学要求与组织形式

在人类社会中，每个个体从出生开始就融入了一个复杂的社会结构中，这个过程中，教育起着至关重要的作用。尤其是在幼儿阶段，孩子们对周围世界充满了好奇和探索的欲望。如何正确地引导他们认知社会，逐步形成积极健康的社会行为，是每个教育工作者面临的重要任务。

一、幼儿园社会教育的目标及确立的依据

幼儿的社会性是在与社会互动的过程中逐渐发展起来的。从婴儿出生的那一刻起，社会通过各种途径和方式对他们施加影响，期望他们成为社会所需的成员。同时，幼儿也在积极地适应社会，逐渐接受和内化社会规范、道德准则和行为方式，表现在他们的个性中。这就是幼儿社会化的过程。因此，确定幼儿园社会教育目标必须基于社会需求、幼儿发展和学科本身等多个方面。

(一)社会的要求

每个社会都有一定的社会目标，这些目标应在各个教育领域中得以体现。幼儿园社会教育领域肩负着培养未来一代社会成员的责任，因此，幼儿园的社会教育目标应当反映社会的需求和期望，并密切关注社会的变化、未来以及全球化等趋势。例如，在全球化趋势下，合作和跨文化交流变得尤为重要。这些社会变化要求幼儿园的社会教育做出调整，使下一代能够理解、关注和适

应这个世界。

(二)幼儿的发展

幼儿的发展是幼儿教育的基础。虽然社会化是一个长期的过程，但幼儿期是社会化的起始阶段，因此至关重要。特别是情感—社会性的发展在确定幼儿社会教育目标时具有重要影响。这个阶段是幼儿全面发展的基石。社会成员所需的品质与情感—社会性的发展有关，因此，幼儿社会教育目标的制定必须以幼儿的社会性发展特征为依据，以促进幼儿的社会性发展。

(三)学科本身

幼儿社会教育涉及多个学科，如历史学、社会学、地理学、人类学和经济学等。每个学科都有其基本目标或启蒙性目标，它们将在一定程度上影响幼儿社会教育目标的选择和确定。例如，社会学强调理解社会角色和参与社会交往，这些基本目标将在幼儿社会教育中得以体现。同样，人类学强调尊重不同文化，这也会在幼儿社会教育目标中得以反映。

总之，从以上三个基础出发，社会教育目标可以多方面地展开，但在具体制定时，应充分考虑我国的教育现实和对幼儿发展的价值观。

二、幼儿园社会教育的组织

(一)幼儿园社会教育的组织形式

幼儿园社会教育的组织形式主要包括集体活动、小组活动、个别活动和生活活动。

1. 集体活动

集体活动对培养幼儿的集体意识、组织纪律性和自控力都有一定积极作用。教师可以通过讲故事、音乐律动等形式为幼儿传授知识，培养其集体意识。

2. 小组活动

小组活动能培养孩子的协作能力和沟通技巧。教师可通过小组活动让幼儿学会合作分享和竞争。

3. 个别活动

个别活动是针对每个幼儿的个性需求设计的，有助于教师了解个体的发展水平，进行针对性指导。

4. 生活活动

生活活动是幼儿在园内的日常生活，如进餐、午睡等。通过活动，幼儿可以学会自理。

(二)幼儿园社会教育的一般方法

1. 语言传递教育法，主要包括讲解法、谈话法和讨论法

(1)讲解法。教师向幼儿解释简单的道理、规则和其意义，使他们明白对错、知道如何做以及为什么要这样做。这种方法广泛应用于社会教育，包括教导幼儿理解人际关系、社会环境、社会规范和文化等方面的知识。

(2)谈话法。教师与幼儿互相提问和回答，帮助幼儿整理和澄清社会知识和经验。这种方法有助于幼儿思考和表达自己的想法，有助于教师理解幼儿的思维过程。

(3)讨论法。教师引导幼儿就社会问题、观点和认识进行交流和讨论。这种方法能鼓励幼儿表达自己的意见，培养他们的独立思考能力，有助于他们理解不同人对问题的不同看法，以及培养他们的合作能力。

2. 直接知觉教育法，主要包括演示法、参观法

(1)演示法。教师将实物或教具直接呈现给幼儿，或者引导

他们通过实际演示、思考、表演等方式来理解社会知识，帮助他们领悟其中的道理。在社会教育活动中，情景演示法比较常用，教师通过展示社会情境，引导幼儿思考其中的社会问题，以促使他们了解社会规范。这种方法可以采用图片展示情境，也可以是教师与幼儿一起表演情境。应用演示法能够增加幼儿对社会教育活动的兴趣，以提高活动效果。

(2)参观法。根据社会教育的目标和内容，组织幼儿在幼儿园内或外部进行实际事物和现象的观察、思考，以帮助他们获取新的社会知识和社会规范。这种方法能够将幼儿的社会教育活动与他们的实际生活联系起来，让他们亲身体验、亲耳聆听、亲自观察社会，从而获得教育。

3. 行为练习法

行为练习法是一种组织幼儿按照正确的社会行为规范进行实际实践的方法。它有助于幼儿明白正确的社会行为规范，培养和巩固他们的社会行为习惯。行为练习法的形式多种多样，包括教师创设特定情境、组织多种实际活动(如修补图书、担任值日生、参与劳动等)，以及在各种日常情境中组织幼儿进行行为练习，比如礼貌接待和告别礼仪的练习，以及文明用餐的练习等。在运用行为练习法时，教师需确保幼儿明确练习的内容和要求，练习内容应适合幼儿的接受程度，并逐步展开，要求始终一致，以帮助幼儿养成习惯。不论采用何种形式的行为练习，都应激发幼儿的积极性，注重为幼儿提供练习机会，不要过于仓促，应力争让幼儿在练习中感受到愉悦，以达到预期的效果。

4. 行为评价法

行为评价法指的是对幼儿表现出的符合社会规范的言行进行

积极或消极的评价，以引导幼儿的成长。行为评价法分为肯定性评价和否定性评价：肯定性评价能够强化幼儿的积极社会行为，激发他们的积极性，鼓励其亲社会的行为；否定性评价则能够纠正和制止幼儿的不良社会行为和后果。不论采用哪种评价方式，都应尊重幼儿，信任他们，理解他们，并着重用发展的眼光进行评价，以及时提供评价反馈。

5. 陶冶法

陶冶法主要通过人际关系、行为环境、社会风气、情感氛围等因素来塑造幼儿的性格，培养他们良好的社会公德、社会行为和社会情感。陶冶法包括环境陶冶法和艺术感染法。

(1)环境陶冶法。通过创造宜人的自然和社会环境，以及有意识创设的教育情境，来进行幼儿的社会化培养。考虑到幼儿因年龄特点而对事物和问题缺乏稳定的认知，易受外界环境影响，因此，教师有责任创造有利于培养幼儿社会性情感和社会习惯的环境，并引导幼儿感受和体验外部环境。

(2)艺术感染法。利用音乐、绘画等艺术形式的感染力，渗透到幼儿的内心，激发他们的情感，并促使其行动，以培养幼儿的社会情感。艺术感染法主要用于社会文化教育活动中，因为社会文化中的人文景观、文化精品和优秀艺术作品通常具有较高的艺术性。幼儿在学习和欣赏这些作品时，能够直接获得积极的情感体验，从而有助于培养社会情感。在运用这种方法时，应当选择符合幼儿社会性发展的潜力作品，创造机会，让幼儿参与艺术实践活动，以获得与社会性发展相关的积极情感体验。

第五节　幼儿人际交往能力的发展与指导

在快节奏的现代社会中，人际交往能力不仅是成人社会活动的重要组成部分，而且对幼儿的全面发展也起着至关重要的作用。随着社会竞争的加剧和人际关系的复杂化，掌握良好的人际交往能力，有助于幼儿成长。人际交往能力是幼儿未来生活的一项基本技能。如何引导和培养幼儿的人际交往能力，已经成为家长和教育工作者关注的焦点。这不仅涉及孩子未来的社会适应能力，还关乎他们的情感健康、人格发展和幸福感。

一、交往能力的定义与种类

(一)交往能力的定义

交往能力指的是妥善处理内外部关系的才能，包括建立广泛社交联系、吸收和转化外部信息的能力，以及正确处理各种关系的能力，无论是与周围环境的互动，还是上下级、左右邻近关系的处理。

(二)交往能力的种类

1. 表达理解能力

表达与理解能力涵盖了一个人是否能够清晰地表达自己的思想，并确保他人能够明白自己的观点，同时也包括理解他人的表达。个体的表达能力可以直接反映其社交适应程度。

2. 人际融合能力

人际融合能力反映了一个人是否能够感受到他人的可信度和可爱度。这与个体的性格特点(如内向或外向)有很大关系，但也受心理因素影响。

3. 解决问题的能力

有研究显示幼儿中存在一种依赖性强、独立解决问题能力差的现象，应试教育的不利影响，有可能损害幼儿的交往能力。

二、交往能力的构成

(一)人际感知能力

人际感知能力是指对他人的情感、动机、需求、思想等内在活动和心理状态的感知，以及自己的行为对他人的影响程度的感知。

(二)人际记忆力

人际记忆力是指记忆与交往对象、交往场合以及交往内容相关的信息的能力。

(三)人际理解力

人际理解力包括理解他人的思想、情感和行为的能力。这在现代企业管理中是重要的技能，也是人力资源管理人员必备的素质之一。人际理解力表明了理解他人的愿望，能够体验他人的情感，理解并分享他人的观点，抓住他人未明示的疑虑与情感，满足他人的需求，并以适当的语言表达情感。

(四)人际想象力

人际想象力是从对方的角度思考问题，评价对方行为的能力，即设身处地为他人着想的能力。

(五)风度与表达能力

这是人际交往的外在表现，包括与人交往时的举止、言谈、礼仪以及真诚、友善、具有感染力的情感表达。这是较高水平的交往能力表现。

(六)合作与协调能力

这是人际交往能力的综合体现，也是幼儿长大后在工作中进行团队合作的必备能力。

三、儿童交往中的矛盾的主要表现

随着幼儿的成长，其交往能力得到不断发展，矛盾问题也随之而来。家长在这个阶段应该及时发现并引导幼儿解决交往中的问题，帮助他们在矛盾中成长和学习。

幼儿的矛盾主要表现在以下几个方面：

(一)随性而为

经常会遇到这样的情况：一名幼儿想把椅子移到两名幼儿之间，因为那是他(她)原本的位置，但两名幼儿不让位，这导致椅子的主人开始哭泣。当问及其他两个孩子不肯让出位置的原因时，他们会坦率地说："我不喜欢他(她)坐在我旁边。"这种表现毫不含糊，不喜欢就是不喜欢，两名幼儿均表现出了随性而为的特点。

在角色扮演游戏中，两名幼儿都想扮演妈妈的角色，尽管他们明白这是不被允许的，必须轮流扮演这一角色，但对于控制能力刚刚起步、道德观念正开始形成的幼儿来说，玩具和角色的诱惑难以抗拒，因此他们会随性而为，例如拔掉别人的卡片，并由此引发矛盾。

(二)动手不动口

尽管在当今，使用键盘进行非口头交流已成为一种流行的方式，但孩子们常常“行动胜过言辞”并由此往往会导致矛盾的产生。我们常常听到孩子告状说，“老师，某某打我了”“某某欺负我了”“某某抢了我的东西”……

这个年龄段的幼儿虽然积累了一些词汇，但他们尚不能组织句子，完整表达自己的想法，尤其是大部分男孩，他们的思维往往在行动之前，而言语滞后。因此，如果他们想要某物，他们可能不愿费口舌去解释，而是更愿意先行动，或者同时行动和表达需求，这种行为很可能引发争夺，从而导致矛盾的产生。

(三)措手不及

自己好心地分享玩具给好朋友，结果玩具被损坏了，这时幼儿会感到措手不及，并可能由此产生矛盾；或者当一名幼儿想要摸一下好朋友，轻拍好朋友玩闹时，却被朋友误解，最终升级为“老师，他打我……”这样的矛盾，从而让幼儿感到非常委屈。

这些矛盾在这个年龄段的幼儿中十分常见，因为他们的理解能力和解决问题的能力还在初步发展中。

四、儿童交往能力的培养方法

(一)提供交往的环境，培养幼儿的交往能力

幼儿教师应积极创造社交机会和环境，让幼儿有机会进行社交互动。例如，让一名幼儿与另一名幼儿沟通、协商，诸如“你

可以帮我递一下那本书吗”。幼儿教师还可以做示范，使用礼貌用语沟通。这种行为不仅给幼儿树立了榜样，也在潜移默化中教育幼儿，让幼儿自然而然地形成良好的行为习惯。

一旦幼儿养成了良好的行为规范，幼儿教师还应该为他们提供更多的社交机会。例如，当园中有参观者和访客时，教师应鼓励幼儿主动和客人打招呼或交谈，如果有其他幼儿一起参加，教师应鼓励幼儿分享玩具并与伙伴友好相处。通过这些实践，幼儿不仅培养了社交能力，还学会了礼貌待人、社交技巧以及其他许多有益的技能。

(二)通过游戏培养幼儿的交往能力

游戏是幼儿最喜欢的活动之一，幼儿教师可以陪幼儿一起玩游戏，或者组织幼儿自行玩耍。在游戏中，幼儿教师可以引导幼儿学会分享，例如对待玩具，应鼓励孩子们彼此谦让，而不是争抢。另外，在搭积木时，也可以教导幼儿与人合作与友善相处的重要性。通过这些游戏，幼儿将建立起和谐、亲密的社交关系。

第六节 幼儿社会适应能力的发展与指导

古希腊著名哲学家埃皮克提图说过："心灵的动荡更多地取决于我们对事件的评判，而非事件本身。"随着年龄的增长，幼儿积累了一些生活和社交的经验，对于应对压力情境开始有了初步的认识。因此，成年人可以依据幼儿的身心发展特点，选择合适的方法来引导他们，鼓励他们更多地采用积极的方式来解决问题，以增强幼儿的适应能力，为其保持心理健康奠定坚实的基础。

一、创设健康的心理环境

幼儿的心理成长如同鲜花的生长，需要温暖的土壤。那些经常受到责备或缺乏关爱的幼儿，心理上通常会扭曲。遇到问题时，他们要么逃避，要么采用暴力手段解决。因此，教育者要努力创造和谐、温暖、安全的心理环境，为孩子们提供茁壮成长的沃土。

比如，有一个名叫丽丽的胆小、不自信的小女孩。在她刚满4周岁时，老师为她举办了生日派对。其他小朋友纷纷向她祝福，唱起了《生日歌》。这让丽丽非常感动，她意识到自己并没有被老师和小伙伴遗忘，同时也感受到了集体的温暖。这一小小的举动促使她发生了巨大的变化。从那以后她更乐于助人了。关爱他人，成就自己，何乐而不为？

总之，幼儿教师应多关心、鼓励和表扬幼儿，少责备、惩罚和排斥。要让幼儿有更多的机会感受到社会的温暖，为幼儿创造一个轻松、愉快和健康的心理环境。

二、设置合理的问题情境

培养幼儿良好的适应能力不是空谈理论就可以解决的，而是需要幼儿教师在实际情境中解决实际问题，通过这些问题情境来培养幼儿的思考、情感表达和自我调控能力。在幼儿园中，教师可以通过设置问题情境，如“如果有小朋友故意打破了你的杯子，你会怎么办”“在游戏中被踩到脚了怎么办”“如果老师误会了你，你该怎么办”等，让幼儿学会思考，采用适当的方式来应对问题。

正如哈佛女孩刘亦婷的母亲刘卫华在《哈佛才子》一书中所说：“友爱、协作、守纪、礼貌、集体观念、能力等，这些都是高素质人才必备的品质，如果没有这些技能的培养，一个孩子再聪明也只可能被培养成‘孤家寡人’式的神童。”

三、采用积极的引导方式

在教育中，教师应该尽量引导幼儿自己去探索，去推理，而不是不断地对其进行灌输。我们应该少说、多引导，让幼儿自己去发现。当幼儿犯错时，成年人常常会费尽口舌来劝诫，但事实上，这些教诲往往难以长久地留存在幼儿的心中。

那么，如何才能让幼儿认识到自己的错误呢？或许我们可以尝试一下“苏格拉底法”。这是古希腊哲学家苏格拉底在讲学和辩论时常用的方法，他总是通过对话和提问揭示对方思维中的矛盾。幼儿教师也可以在与幼儿的交谈中让幼儿自己意识到错误，自己找到解决问题的方法。

四、正确实施因材施教的原则

由于遗传和环境的差异，同龄幼儿的发展水平会有很大差异。每个幼儿都是独特的，个性各异。特别是现今的孩子多为独生子女，为了让他们更好地适应集体生活，为将来的社会生活奠定坚实的基础，我们需要教师善于发现并尊重幼儿的个体差异，因材施教。正如教育家陶行知所说：“人和树一样，要让他们尽量长得高，不是勉强都长得一样高，而是应该在立足点上追求平等，在突出处谋求自由。”只有根据幼儿的身心发展特点，因材施教，才能避免“幼儿适应不良现象”情况的发生，从而保障广大幼儿的心理健康发展。

五、渗透到教育的各个环节

幼儿良好适应能力的培养是一个全方位的过程，需要在幼儿学习和生活的各个方面展开。我们要多角度、全方面地促进幼儿的心理健康发展。比如，在体育课上，不仅要锻炼幼儿的体能，还要培养他们勇敢和坚韧的品质；在活动课上，可以通过分组竞赛来培养幼儿友善、合作和互助的品质；在音乐课上，可以培养幼儿的美感，为他们积极、乐观和积极向上的性格奠定良好的基础。只有这样，我们才能全面保护幼儿的心理健康，让他们健康成长。

第十一章
幼儿园科学领域和艺术领域的实习实践

第一节　科学领域的教学要求与组织形式

《规程》中明确指出，在教育活动中，应该采用更加灵活多样的形式，为幼儿提供充分的活动机会，以促进他们在不同层次上的成长。科学活动在幼儿中非常受欢迎，它不仅能帮助幼儿认识周围世界，还是幼儿获取知识和经验的重要途径，对实现幼儿园的培养目标起着关键作用。科学活动具有以下特点：第一，科学现象多姿多彩，充满神奇趣味，最能激发幼儿的好奇心和求知欲；第二，科学教育的内容丰富多样，涵盖了幼儿日常生活的各个方面，能够丰富他们对自然和社会的初步认识；第三，在科学活动中，幼儿通过观察、比较、操作和思考等方式，能够培养和提高认知能力。因此，在进行科学教育活动时，教师应以发掘幼儿潜力、促进幼儿健康成长为前提，采用各种灵活多样的形式来组织教学，以更好地满足幼儿的发展需求。

一、在集体活动中贯穿分组教学

长期以来，集体教学一直是我国幼儿园的传统教学组织形式。这种形式对于培养幼儿的行为规范、发展认知活动以及学习集体规则等方面都有着积极的影响。然而，科学活动在一定程度上需要幼儿掌握一定的操作技能，例如，了解玻璃和磁铁在实践中的不同用途。为了帮助幼儿理解和巩固这些技能，幼儿教师需要通过集体教学、示范和讲解来提供指导。集体教学是一种明确、简单、系统有序的教学形式，但随着现代教育理念的推广，教育工作者逐渐认识到，教学不仅是知识传授，更是知识处理和转化的过程。集体教学难以满足每个幼儿的个别需求，无法激发他们的主动学习兴趣。因此，为了在充分发挥集体教学优势的同时满足幼儿不同的需求，激发他们的主动学习愿望，我们可以引入分组教学和个别教学，改变集体教学的模式，为幼儿提供更多分组和个别活动的机会，从而真正激发他们对科学活动的兴趣。

举例来说，在进行《下雨的前兆》这一课的学习时，教师如果采用传统的教学模式，幼儿可能会机械地记住下雨前的一些天气变化和原因，这样的学习内容会显得单调乏味。为了让幼儿在学习中更加愉快，教师可以在活动前准备一些图片和课件，让幼儿观察下雨前动植物的变化，以便更好地理解内容。在活动中，教师可以提供多种操作工具，如玻璃板和冒着热气的水，让幼儿在与同伴合作的过程中进行操作，进行交流，发现和理解变化的原因。这样不仅丰富了幼儿的探索经验，还增强了他们的动手能力。最后，幼儿可以在实际操作中自信地表达他们观察到的现象，而教师则可以及时总结，加深他们对内容的理解，从而更好地为教学目标服务。

二、丰富教学内容，开展分组教学活动

(一)注重个体差异，选择不同的内容

在任何教育活动中，个体差异都是存在的，科学活动也不例外。不同的幼儿具有不同的知识水平、认知能力和个体差异，因此，在进行科学活动时，教师需要考虑每个孩子的能力，对他们给予正确的评价，以促进其整体提高。

(二)运用多样化教学手法，调动孩子积极性

1. 吸引法

这种方法可以迅速吸引幼儿的注意力，激发他们的兴趣，促使他们积极参与学习。例如，在“神奇的图画”活动中，教师可以展示一张白纸，然后在幼儿确认纸上什么都没有之后，喷一下水，神奇的是，一只可爱的小兔子很快就出现在纸上。这会让幼儿感到惊讶和兴奋，由此其学习兴趣也会得到激发。教师可以说：“这个魔术很简单，每个小朋友都可以做到，不信你们可以试试看。”这样，幼儿会积极参与，认真操作，仔细观察，积极思考，这样就可以培养他们的探索精神。

2. 设置悬念法

这种方法注重幼儿进行自主探索，教师应提供丰富的操作材料并设置悬念，让幼儿通过实际操作来观察科学现象，从而学习、体验和探索科学方法，发现科学原理。例如，在“沉与浮”活动中，教师可以提供丰富的材料，让幼儿大胆尝试，将不同的物体放入水中，观察哪些会下沉，哪些会浮在水面上。幼儿可以通过实验探究“沉下去的东西能够浮起来吗？浮着的东西能够沉下去吗”。这样，幼儿会提出新的问题，继续探索，认真观察、比较，最终找到答案。

三、提供条件，给孩子自由探索的机会

(一)开设区角活动

幼儿科学教育不能仅仅依靠集体教学活动，教师还需要为幼儿提供充足的物质条件，创造丰富而自由的探索环境，满足他们

的求知欲望。例如，在班级中设置科技游戏区和动物观察区，提供各种活动、实验和操作材料，如平面镜、凹凸镜、磁铁、铁钉、回形针、电池、小灯泡、大中小玻璃杯、不同质地的纸等。教师可以创造各种探索情境，如让幼儿观察大蒜长“胡子”、蜗牛吃什么等。幼儿可以自由进入，独立或合作进行观察、尝试和实验，自主探索。在这个过程中，教师不直接干预，不随意评价，而是等待幼儿自由地进行个性化活动，随时发现和肯定他们的创新思维和能力，关注和满足幼儿的兴趣和需求。这样，幼儿会觉得学习科学是一件轻松而愉快的事情。

（二）回归大自然

教师可以带领幼儿到大自然中，捡拾落叶，采集标本，认识自然界，感受广阔的天地，培养幼儿的想象力和创造力。教师应通过各种有趣的方式来引导幼儿了解、记录、报告、预测和感受天气的变化。从活动中教师不仅可以评估孩子们对环境和天气的适应能力，还可以促进他们对科学的理解，激发他们对大自然的好奇心和探索愿望。

第二节　幼儿科学探究能力的发展与指导

幼儿天生具有好奇心，从婴儿时期起就开始观察周围的事物。他们喜欢触摸柔软的海绵、踢石子并使其滚动，跟随蚂蚁探究它们爬行的目的地，甚至会试图拆开非玩具物品，如钟表。这些都标志着幼儿科学探索的开端，也是最佳的科学启蒙教育契机。

作为幼儿教师，应注重在科学教育活动中为幼儿提供观察、实验和操作的机会，引导幼儿关注周围的科学现象。我们要鼓励幼儿多观察、多发现、多提问，以培养他们的科学探究能力。

一、激发兴趣，培养幼儿的科学探索精神

俄国教育家乌申斯基曾说："迫使学生无兴趣地学习将扼杀他们追求真理的欲望。"兴趣是幼儿认知世界的动力，表现为对事物的心理偏好。幼儿充满好奇心，对新奇事物充满兴趣。《纲要》明确指出："幼儿科学教育是科学启蒙教育，其核心在于激发幼儿的认知兴趣和探究欲望。"因此，在组织科学活动时，我们可以通过观察日常现象、进行小实验、讲故事、展示魔术、解答谜语等方式，激发幼儿的学习兴趣，让幼儿在轻松愉快的氛围中积极参与，激发其主动探索的欲望。

例如，某幼儿园教师在小班下学期设计了多样化的汽车主题活动。幼儿们带来了各种汽车玩具，这些栩栩如生的汽车玩具深受孩子们喜爱。有些汽车与他们的日常经验相关，如小轿车和公

共汽车，而他们对救护车和洒水车则比较陌生，抱有新奇感。幼儿们摆弄这些汽车，拆卸它们，仔细观察，表现出浓厚的好奇心。随后他们用简单的语言描述汽车的特点，介绍汽车的名称和功能，一个个兴趣高涨。

二、投放材料，培养幼儿的动手动脑能力

幼儿通过直接接触、操作和感知材料，以及反复体验来学习科学知识。因此，在科学探索活动中，教师应当合理、科学地提供相关材料，鼓励幼儿动手、思考、尝试。这对于培养幼儿的科学探究能力至关重要。

举例来说，有一天，一个幼儿在脱衣服时听到了“噼噼啪啪”的声音并感到有点刺痛，他不知道这是什么引起的。另一个孩子提到自己也曾在晚上脱衣服时感到刺痛，并且看见了微弱的光。这引起了其他孩子的好奇心。于是，我们在科学区域提供了不同的材料，让幼儿通过操作来感知“静电”现象。首先，幼儿教师在科学区放置了纸屑、塑料玩具、积木和笔等材料，孩子们非常兴奋地尝试将纸屑吸起来。但随着实验的进行，他们逐渐发现并理解，并非所有物体都能被吸引。教师并没有急于告诉他们答案，而是提供了更多大小和材质均不同的纸屑，让他们自己通过实验找到答案。当幼儿们明白了静电现象与物体质地之间的关系时，教师才解释了相关的科学知识，从而解答了他们心中的疑问。

此外，教师在准备材料时，要充分考虑幼儿的数量和活动的形式，确保材料充足，以确保每个幼儿都有机会动手实践，充分利用有限的材料。

三、启发引导，帮助幼儿体验成功的乐趣

由于幼儿的年龄和能力有限，有时他们遇到问题无法独立解决，因此需要教师的正确启发和耐心引导，以帮助他们获得成功的体验。

比如，在科学区，两个幼儿在玩磁铁。他们试图让小汽车沿着一块薄木板移动，却遇到了困难。经过一番尝试后，他们感到沮丧并放弃了初衷。在这时，一位教师走过去，帮助他们解决了问题，成功地让小汽车沿着木板移动。幼儿们非常高兴，于是又玩了很长时间。这说明在儿童探究科学时如有遇到问题且无法解决的情况，教师应及时进行帮助。

我们应该转变教育观念，为幼儿创造轻松愉快的学习环境，让他们在探索活动中积累广泛的经验，激发他们对科学的热情和向往。未来的科学家很可能就会在他们中间诞生。

第三节 幼儿数学认知能力的发展与指导

在现实生活中，幼儿的数学知识和数学思维能力在各个方面都具有至关重要的作用。而数学认知是其他逻辑思维能力的重要基础，因此，在日常教学中，培养幼儿的数学认知能力至关重要。一般来说，幼儿对数学的认知应该更具理性和深度。那么，在日常教学中，幼儿教师应该如何培养幼儿的数学认知能力呢?

一、首先要明确培养幼儿数学认知能力的标准和内容

《指南》指出，幼儿数学认知发展可以分为三个方面。首先，幼儿应该初步感知到数学在生活中的实用性和趣味性。例如，孩子们通常会记住家长和老师的电话号码，教师可以在数学教学中鼓励幼儿搜集他们熟悉的电话号码，并在课堂上组织小组游戏，让孩子们相互打电话，这将在不知不觉中帮助幼儿认识数字并理解数字的作用，激发幼儿对数学认知的兴趣。其次，幼儿应感知和理解数、量和数量之间的关系。数学无处不在，只需稍加引导，幼儿就能很容易地认知数和量，理解它们之间的关系。例如，在数学游戏中，教师可以使用方块让幼儿数一数它们的数量，然后组织他们根据这些方块列举数学算式，或者让他们对自己喜欢的方块进行分类和比较，从而实现教学目标。最后，教师应让幼儿按年龄段感知形状与空间的关系。通过引导幼儿观察和认识物体的结构特征，可以帮助幼儿发现常见几何图形的基本特征，并使用方位词语描述物体的结构，可以帮助他们深化对物体

形状和空间关系的认识，促进其创造性思维的发展。

二、可以在具体的活动中对幼儿进行数学认知的培养

生活是幼儿学习的无尽源泉。如果能够让幼儿在具体的数学情境中学习数学，他们将更容易理解和接受数学。这样，孩子们将更愿意学习，教师的教学也会更轻松。例如，幼儿们通常喜欢喝奶类饮料，在教学中，教师可以使用包装完整的饮料盒，让幼儿认识上面的数字。例如，一款饮品包装盒上可能写着“250mL×24 包”，教师可以让幼儿首先认识“250mL”和“24 包”的含义，然后让他们认识每个包装盒上的生产日期、生产许可证编号和厂家电话等信息。这样，幼儿会感到数学与他们的生活密切相关，从而提高对数学认知的兴趣，也由此更容易接受数学。

幼儿的学习与游戏密切相关，因此，在一些游戏活动中培养幼儿的数学认知能力更加有利。动作是幼儿数学认知的基础。在游戏中，教师可以引导幼儿参与各种活动，例如让幼儿排队报数，让幼儿分组参加活动，或者让他们给玩具分类和数物品数量。总之，幼儿与游戏生活相伴，游戏中包含了他们需要认知的数学知识，因此，在其他学科中，教师也可以通过培养幼儿的数学认知能力来促进他们智力的发展。

三、要多通过区角活动发展幼儿对数学认知的培养

研究表明，在一个让幼儿充分发挥自己潜力的环境中活动，更有助于他们独立地认知相关数学知识。当然，这需要教师精选材料，并在角落活动中充当观察者和指导者的角色。例如，幼儿喜欢绘画和剪裁，教师可以引导他们观察并选择物品，然后进行绘画和剪切，最后让他们进行卡片游戏和分类等活动。这样，幼

儿可以在特定的时间和地点综合地认识数学。

四、可通过多种评价手段培养幼儿的数学认知能力

评价的目的是促进幼儿的健康发展。因此，在对幼儿数学认知的评价中，教师应将评价作为教学的一部分。教师可以通过观察幼儿解决问题、倾听幼儿关于数学的讨论、关注他们在课堂上的参与程度以及捕捉他们的感觉，由此来评价幼儿的数学学习。例如，在课堂上，可以让幼儿从一堆玩具中挑选出一定数量的相似物品，以了解幼儿是否理解了“集合”这个概念，通过幼儿分组站队比赛，可以了解幼儿是否理解了“序数”的概念。这些看似简单的做法实际上都是比较有效的幼儿数学认知评价手段。

在对幼儿数学认知的评价中，教师还应尊重幼儿的个体差异。因为幼儿的认知能力尚在发展中，教师应特别关注他们的心理健康，对于存在问题的幼儿，应及时关注，确保他们在教师的引导下能正常、健康地发展。

总之，幼儿教师应在掌握幼儿数学认知规律的基础上，结合幼儿的年龄和心理特点，将抽象的数学概念转化为具体的形象或实践行为，让幼儿在快乐、和谐的氛围中体验数学认知的意义，从而更好地推动幼儿数学教学工作的开展。

第四节　艺术领域的教学要求与组织形式

《纲要》明确提出："幼儿表达认知和情感的方式之一是通过创作过程和作品展示，应鼓励幼儿展现其独特个性和创造力。"美术是通过线条和色彩来创造形象的一门艺术。它通过视觉刺激幼儿的审美感知，培养他们敏锐的艺术感觉。美术对幼儿的影响极其深远，具有情感教育的力量。美术教育的核心任务之一是培养幼儿的审美观念和美的创造能力。这既包括帮助幼儿敏锐地去感知、辨别、欣赏艺术之美，也包括培养幼儿描绘和表现美的能力。美术教育有助于培养幼儿的创造力，在幼儿全面发展中也具有重要作用。音乐领域是最具创造性的领域之一。当幼儿聆听音乐时，那悦耳动听的音符中蕴含的艺术形象可以激发其情感共鸣，由此给幼儿带来审美愉悦。幼儿根据自身的体验和知识产生独特的感受和理解，再创造新的表达方式，并以语言传递出来。这种表达是对音乐作品的再现和独立创作，是幼儿独特的创造性表现。教师应尊重幼儿的创作和表现，鼓励他们自信地展示，热情地表扬他们的创造。艺术领域的教育组织，不仅限于美术，还包括音乐等多个方面，我们可以从三个方面进行思考：

第一，总体要求是什么？

第二，在音乐上是怎么样的。

第三，在美术上怎么样的。

在美术教育中，需要注意以下几点：

一、注意引导幼儿对美的观察，提高其观察力

教师应根据幼儿的特点，引导他们观察自然、社会、生活和艺术作品中的美。带领幼儿多看、多感受，选择一些简单、生动、色彩鲜艳的作品，让他们观察自然、社会、生活和艺术品，逐渐感受美的存在，积累经验，培养他们发现、欣赏和追求美的兴趣。这将有助于提高幼儿的观察力。

二、针对每个幼儿的不同特点和需要进行指导

《纲要》强调："在艺术活动中，要面向所有幼儿，根据他们的差异性和需求，满足每个幼儿对美的需求，有艺术天赋的幼儿应得到更多的关注。"由于幼儿来自不同家庭，拥有各种背景和水平，其兴趣、经验和美术技能都有差异。因此，教师需要了解每个幼儿的情况，根据个体需求提供有针对性的指导，以确保每名幼儿都能在自己的基础上受到艺术的熏陶和培养。对于有艺术天赋的幼儿，可以提供更高层次的指导，而对于能力较弱的幼儿，需要额外的个别指导和鼓励。幼儿教师应帮助他们建立自信，对他们的进步提出表扬。

三、充分利用身边的自然物和废旧材料

我们周围有许多可用的自然和废旧材料，只要我们留心收集，就可以积累许多可用的物品和美术材料。例如，树叶、树皮、石头、果核、野花、野草、泡沫、彩色纸盒等。利用这些材料，不仅可以节约资源，还可以创造各种玩具、手工艺品和装饰品。通过这些材料，我们可以丰富幼儿的游戏体验、美化环境，

满足幼儿的创造欲望。

四、让幼儿体验自由表达和创造的快乐

《纲要》明确指出：“幼儿艺术活动的能力是在大胆表现的过程中逐渐发展起来的，教师的作用主要在于激发幼儿感受美、表现美的情趣，丰富他们的审美经验，使之体验自由表达和创造的快乐。”由于幼儿的年龄和经验有限，他们需要教师的引导来发展美术技巧。教师可以根据幼儿的兴趣和需求有计划地教授一些基本的美术知识，如配色、构图、线条描绘等。这些教育可以融入幼儿喜欢的游戏中，使学习过程更轻松愉快。同样，在音乐领域，教师也可以采用相似的方法来培养幼儿的创造力。

五、让幼儿在玩中、快乐中学习艺术技能

《纲要》明确指出：“根据幼儿的成长状态和需求，及时、恰当地引导其表现形式和艺术技巧。”要想把内心对美的感悟呈现出来，需具备一定的技艺和技能。因此，教师应有计划、有目的地引导幼儿学习一些基本的美术知识，例如色彩搭配、画面组织、构图安排、线条勾勒物体形状等。在确保幼儿感兴趣的前提下，应以让幼儿在美术活动中以自发表现为出发点，让幼儿在愉快的学习氛围中获得指导，借助美术游戏受到教育。这样，幼儿才更容易接受，学习才会更加轻松、愉悦。在音乐领域，培养幼儿的创造力，这类方法同样适用。

第五节　幼儿感受与欣赏能力的发展与指导

幼儿的艺术潜能自然存在，而创造宽松的环境能够激发他们的艺术感知和表达。为了提高幼儿的艺术欣赏能力，成人需要营造出自由的艺术氛围，鼓励并正确引导他们。

然而，在幼儿艺术教育中，艺术欣赏往往被忽视。即使对幼儿进行了艺术欣赏教育，却存在一些误解：有些成人认为自己对艺术欣赏的水平有限，因此幼儿也不可能懂欣赏；有人怀疑幼儿是否具备艺术欣赏潜力，幼儿可能无法欣赏和理解艺术；还有些成人采用灌输的方式，试图传授所谓的“正确答案”给幼儿；或者为了维持秩序，希望幼儿安静地坐在座位上，仅用语言来表达对艺术作品的感受等。

实际上，幼儿天生具备艺术欣赏的潜能，他们能够欣赏和理解艺术作品。要激发这一潜能，首先需要了解幼儿艺术欣赏能力的发展特点和规律。

一、幼儿生来就有艺术欣赏潜能

根据国内外学者的研究，我们可以将学前儿童的艺术欣赏能力的发展分为两个阶段：早期本能直觉反应阶段(0—2 岁)和直接感知艺术形象阶段(2—7 岁)。

(一)0—2 岁早期本能直觉反应阶段

在婴幼儿时期，人类在生命最初的阶段，就能表现出对形状、色彩、节奏、韵律等审美元素的感知和选择倾向，并能对这些元素做出反应。正如威廉·斯特恩所指出的，婴儿最初对那些令人愉悦的艺术元素非常敏感，例如色彩、亮度和明显的节奏。婴儿在出生后的早期阶段，对绘画的两个基本要素(形状和色彩)已经具备了一定的审美感知能力。心理学研究表明，婴儿会更多地注视具有复杂图形的靶心图和线条图，他们更喜欢彩色圆盘而不是灰色圆盘。

此外，婴儿对于音乐的基本要素，例如节奏和旋律，也表现出了高度的敏感性。比如，在日常生活中，我们常常可以看到烦躁不安的婴儿在听到与母亲心跳节奏一致的声音或被母亲抱在左侧时会变得安静。此外，婴儿对柔和的声音和美丽的图像也会产生积极的反应，比如微笑。1 岁左右的婴幼儿可以对节奏鲜明和旋律优美的音乐做出积极的反应，甚至会跟着音乐的节奏摆动身体。虽然这些早期的反应只是一些本能的直觉行为，还没有形成真正独立的美感反应，但它们已经为日后更高级别的艺术欣赏活动做好了心理准备。

(二)2—7 岁直接感知艺术形象阶段

2—3 岁的幼儿在成人的引导和教育干预下，不仅可以关注艺术作品的内容，还能初步关注其形式审美的特征。随着年龄的增长，幼儿的艺术欣赏能力逐渐从泛泛而论转变为更具体和有标准的方向。

在美术欣赏方面，幼儿通常更关注作品的内容而不是形式。当面对美术作品时，他们首先感知作品的内容。幼儿对作品内容的感知和理解通常是表面的，还未达到深入理解作品所蕴含的深刻含义的水平。在教育的干预下，幼儿开始初步关注作品的形式审美特征，如颜色、形状和构图等，他们具备了初步感知和理解作品形式审美特征的能力。此外，幼儿似乎更喜欢感知描绘熟悉物体和愉快的现实主义作品，以及明亮的色彩。例如，幼儿在欣赏索拉瑞奥的《绿垫圣母子》时，能够敏锐地感受到作品传达的母子之爱，并且对作品的形式，如颜色和质感有一定的感知，他们可能会说出“小宝宝的屁股很光滑，我都想摸一摸了”这样的话。

在音乐欣赏方面，幼儿倾向于将音乐作为整体来接受，而不是单独辨认音乐的各个元素。两岁半左右的儿童可以聆听音乐并初步感知音乐所表达的内容。3 岁的幼儿能够与音乐产生情感上的共鸣，能够区分音乐的速度变化，甚至能够随着音乐的节奏而跳舞。随着年龄的增长，幼儿能够更加深入地理解音乐作品的性质、力度以及情感表达。在教育活动中，儿童能逐渐掌握音乐的基本知识，理解音乐的结构，区分音乐的性质、体裁和风格。他们在表达对音乐的感受时，通常会加入自己的想象和情感，再以语言表达出来，这是儿童独特的艺术欣赏方式之一。

二、幼儿在宽松自由的氛围下展现艺术欣赏能力

幼儿在面对艺术作品时，通常能够大胆并自信地表达自己的感受。这在很大程度上得益于成人创造的宽松自由的艺术活动氛围。如果成人坚持认为艺术作品只有一个正确的解释，幼儿可能会试图追求这个所谓的“正确答案”。然而，如果成人相信幼儿具备艺术欣赏的潜力，并传达这种信念给幼儿，同时为他们提供宽松自由的艺术欣赏环境，并且鼓励他们充分感知、发挥想象力和自由表达情感，那么幼儿的潜在艺术欣赏能力将得到激发。此外，每个幼儿都能根据自己的生活经验、情感和个性等因素去理解艺术品，有时，幼儿对艺术文本的理解和解释不仅独特而且精

彩。因此，教师在开展艺术欣赏教育时，最重要的不是告诉幼儿正确的答案，而是鼓励他们表达自己的感受，尊重他们的独立思考和独特视角。

当儿童表达“我听不懂”或“我看不懂”的时候，成人应该帮助他们建立自信，鼓励他们自由地感受和表达。幼儿与艺术文本对话时，能够感知其中的情感，并将自己的情感与艺术文本相匹配，用自己的方式表达内心感受，从而获得审美愉悦，树立自我认同。

三、以多感官通道与艺术进行交流

幼儿是一个有机的整体，擅长使用多种感官通道和方式来欣赏和理解艺术作品。然而，在艺术活动中，有时会出现成人希望幼儿坐在座位上并用语言表达感受的情况，这样就忽视了幼儿使用多种感官通道和方式(如身体动作、表情、视觉、触觉等)来欣赏和理解艺术作品的特点。幼儿更喜欢以更原始和自然的方式来感知和理解艺术作品。因此，在艺术活动中，成人应该尊重幼儿的心理特点，鼓励他们使用多种感官和方式来欣赏和理解艺术。

尽管幼儿天生具备艺术欣赏的潜能，但如果没有成人的引导，他们可能不会主动探索和表达。然而，如果成人能够有效地引导幼儿与艺术文本对话，幼儿将更有意识地形成审美期望，并增强审美能力。在引导幼儿与艺术文本对话时，成人可以使用以下问题来帮助幼儿欣赏和理解，并激发幼儿的主动性和创造性。例如，“你喜欢这段音乐吗”“为什么”“你在音乐中听到了什么声音”“你认为这段音乐是在什么情景下播放的”“听了这样的音乐，你最想做什么”“你能给这段音乐起个名字吗”，教师不仅可以充当幼儿与艺术文本之间的中介和桥梁，还可以与幼儿一起欣赏艺术，并分享感受和体验。在面对艺术时，幼儿渴望与教师对话和分享。此外，通过倾听幼儿的审美感受，教师也可以更好地了解幼儿，并为其提供合适的支持。

在进行艺术教育活动时，教师需要具备一定的艺术素养，包括基本的艺术知识、欣赏和理解艺术的能力，以帮助幼儿在感知的基础上逐步深化审美情感和体验。同时，教师应该将艺术欣赏的主动权交给幼儿，鼓励他们不断探索和发现，创造丰富而精彩的艺术世界。通过与艺术文本对话，幼儿不仅能够欣赏艺术，还能够理解艺术，从而提高自己的艺术欣赏能力。教师和家长在这个过程中既是引导者，又是参与者和接受者，能与幼儿共同探索和享受艺术的乐趣。

第六节　幼儿表现与创造能力的发展与指导

在快速发展的现代社会中，幼儿教育不再仅仅是传授知识那么简单，它更是关乎孩子未来发展的重要基石。特别是在幼儿阶段，孩子的心智正在形成中，他们对周围世界的好奇心和探索欲望特别强烈。在这个阶段，发挥孩子的创造力显得尤为重要。音乐、美术等艺术形式，就是释放孩子无限创意和想象力的关键所在。

一、营造良好的氛围，鼓励幼儿大胆创造

音乐是幼儿欢愉的源泉，孩子们能够将音乐转化为自己的创造力。因此，教师应当善于发现幼儿的创造性因素，积极肯定幼儿的各种创造性活动，并及时引导他们继续发展，充分培养他们的创造力。这种创造力不仅体现在音乐领域，也体现在美术领域，例如，有些孩子认为马可以是五彩缤纷的，这就是他们的创造力，因为他们热爱多彩的马。这些创意也反映了孩子们内心的表达渴望。

著名教育家陶行知曾言："创造力最能茁壮于民主之土。创造宽松、自由、民主的氛围有助于激发幼儿自由思考、大胆想象、主动实践，从而引发他们的创造力，使之达到巅峰状态。"他还说："天天是创造之时，处处是创造之地，人人是创造之人。"音乐活动本身就是一种创造性的行为，只需为幼儿提供充足的游戏时间和适宜的音乐素材，他们将会在音乐的世界中全情投入，欣赏音乐、理解音乐，并创作歌曲和动作。通过满足幼儿的好奇

心和兴趣，教师能够促进他们的积极性、主动性以及创造性的发展。

当孩子们唱歌时，有时会忘记歌词，这时教师可以通过鼓励他们创编动作来唤醒记忆和表达情感。例如，在歌曲《拉拉钩》中，孩子们可以自己创造动作，以表现歌词中的情感和情境。这种活动不仅有助于记忆歌词，还有利于熏陶幼儿的情感，培养幼儿的音乐创造力。

幼儿喜欢在唱歌时跳舞，他们不仅用歌声表达情感，还喜欢用动作来增添表演的趣味。教师应经常鼓励他们观察自然和生活中的现象，然后做示范动作，教导他们不同的表达方式。因此，当歌词具体且容易通过动作表现时，孩子们常常能够自己想出合适的动作来表达歌曲的内容。

教师应允许幼儿编写或改编熟悉歌曲的歌词，这样做可以提高他们的唱歌兴趣，培养其歌唱能力，促进其创造力的发展。例如，在播放歌曲《在农场里》时，某教师鼓励幼儿自己编写新的歌词，模仿动物的叫声，然后将它们融入歌曲中。这样的活动激发了幼儿的创造力，孩子们对模仿动物叫声乐此不疲。此外，教师还应鼓励他们在众人面前独立表演歌曲。

有些音乐的情节充满了感染力，孩子们常常被音乐情节吸引，并以创造性的方式表现出来。例如，在开展音乐游戏“小兔乖乖”的活动时，可以让幼儿扮演不同的角色，让他们根据音乐情节自由创编动作和表情，这样的活动有助于激发幼儿的创造力。

二、适时提供话题，让幼儿插上想象的翅膀

苏霍姆林斯基曾指出："音乐和游戏一样，是儿童童年不可或缺的一部分。"奥地利作曲家莫扎特从小就表现出非凡的音乐才能。4 岁时，他会仔细聆听风声、鸟鸣，然后在琴键上弹奏。文学同样能启迪儿童想象力。德国诗人歌德从两岁开始，他的母亲每天都会给他讲故事，然后让他编写故事的结局。这种教育方法对歌德以后从事文学创作产生了深远的影响。运用"续编"和"创编"的方法可以激发幼儿对想象的兴趣，使他们主动进入想象的世界。幼儿的年龄特点使他们的想象力很丰富，思维充满灵活性。他们经常对故事结局或诗歌内容感到不满意，也不一定认同成人的观点。在故事和诗歌教学中，教师应鼓励幼儿进行创造性表达。例如，某位教师在教授诗歌《摇篮》时，鼓励幼儿理解诗歌的内容，并勇敢地想象，编写类似的句子，如"天空是云朵的摇篮，摇动着云影；小溪是小鱼的摇篮，摇动着鱼儿；大地是小树的摇篮，摇动着树苗……"这样的活动让幼儿能根据自己的生活经验和无限的想象力创造出许多精彩的句子。

三、挖掘各种材料，为幼儿提供创造的广阔空间

艺术具有一定的规则，但也具有无拘无束的特点。只要达到艺术效果，不必拘泥于工具、材料和形式。因此，在教育教学活动中，教师可以为孩子们提供各种各样的材料，如毛线、各种纸张、布条、空瓶子、木板、瓜子壳、鸡蛋壳、吸管、树叶、树枝、棉花、颜料、墨汁、水粉等，让幼儿自由选择自己感兴趣的材料，进行操作和创作。例如，在拼贴活动中，孩子们可以自由

摆放布条和布块，教师要鼓励他们充分发挥想象力，可以提问："这是什么?"幼儿往往回答："这是房子、冰箱、饼干、马路、树干、小狗、裙子、椅子、汽车……"幼儿自由地展开想象，大胆表达。教师应该对此积极肯定，激发每位幼儿的创造愿望，让他们从简单到复杂，不断创新。事实证明，当孩子们玩废旧物品时，他们会全情投入，创造空间也更为广阔。

幼儿最喜欢想象，他们可以一会儿想象自己是警察，一会儿想象自己是宇宙英雄。创新、独创和奇特是幼儿创造性想象的特征，幼儿的思维没有束缚。

第十二章
幼儿教师的教育艺术

第一节　在日常教育教学中关注幼儿

在幼儿教育中，教师对于幼儿的关注需要着重放在培养他们的日常常规行为上。所谓常规，指的是涉及纪律和秩序的规则，这些规则构成了幼儿日常生活中的教育基础，通常存在于社会关系和组织之中，幼儿需要逐渐适应、内化和遵守这些规则。研究心理学表明，3—6 岁的幼儿可以理解一些规则，但他们通常会根据自己的规则系统行事，甚至根据需要随时改变规则。因此，教师需要在幼儿日常生活中有针对性地引导和教育他们，逐步帮助幼儿养成良好的行为习惯。

一、常规教育要以幼儿发展为本

《纲要》强调，常规要求应该有助于激发和支持幼儿的游戏和各种探索活动。以前，幼儿在游戏和探索活动中通常面临着教师的统一要求，个体行为会受到集体规则的限制。例如，幼儿被要求在课堂上不得交谈或走动，课间活动也需要按照教师的指示有序地进行，即使有丰富的玩具和宽敞的操场可供利用，孩子们仍然不得不服从各种各样的规定。这种刻板的教育方法未能充分考虑到幼儿的个体需求和发展阶段特征。因此，教师应该确立以儿童发展为核心的理念，明确教育的目标是解放幼儿的内心，而不是通过强制规则来迫使他们服从。在课程活动中，教师应该将常规教育更多地定位为支持和激发幼儿的积极行为。

二、把握常规教育内涵

《纲要》明确了幼儿园常规教育的范围，包括科学的生活常规和基本的社会行为规则。这涵盖了教育幼儿学会生活、学会学习和学会做人等内容，这些都是一个人生存和可持续发展的基本素质，也是社会对每位公民和未来人才的最基本要求。因此，常规教育在幼儿园素质教育和整个基础教育中都具有重要的核心地位。

有一位留美博士曾提出疑问：为什么中国留学生在美国普遍表现得十分出色，但中国的科技却相对落后？这反映出中国教育与西方教育存在差异。著名教育家蒙台梭利早在19世纪就强调实践是幼儿最好的老师，她认为幼儿通过体验来学习。在常规教育中，一些规则需要幼儿记住和遵守，最好的方法是让他们意识到这些规则对他们自己有益。因此，教师必须让幼儿参与规则的制定和修改，并体验到成功的喜悦。只有这样，幼儿才会感到这些规则是他们内在需要的一部分，而不是外力强加的。常规教育是为幼儿的终身发展奠定基础，它不仅培养了基本行为规范，还培养了幼儿的自主学习、自主选择和自主决策等能力，能帮助幼儿在开放的活动中保持秩序，并促进了他们的情商和认知能力的发展。

三、常规教育尊重幼儿的个体差异和认知特点

幼儿在早期发展阶段个体差异很大，但教师的常规教育往往是一刀切的。例如，一些幼儿园会根据幼儿的坐姿是否统一、取饮水的队伍是否整齐等，来评价教师的管理水平。蒙台梭利强调

孩子是通过体验来学习的。教师需要关注幼儿的常规教育，让他们在良好的教育秩序中实现自我约束和精神自由，从而促进幼儿的全面发展。

四、常规教育贯穿于幼儿的一日活动之中

贯穿于幼儿一日活动中的常规教育的途径和方法多种多样，在幼儿的日常活动中存在着许多教育契机，教师需要敏锐地发现和把握。一些教师可能无法充分认识和利用这些机会，甚至会对幼儿采取批评、命令、说教甚至惩罚的方式。因此，教师在对幼儿提出要求之前必须深思熟虑，确保规则的必要性，考虑到幼儿的年龄特点，站在幼儿的角度来思考问题。在常规教育中，教师不仅要培养基本的常规行为，还要培养幼儿的自主学习、自主选择、自主决策等能力，以促进他们的自主发展，并使他们能够在开放的活动中维持秩序，同时提高情商和认知能力。

总之，常规教育在幼儿的日常生活中不是一种剥夺自由的强制性教育，而是一盏指引幼儿健康成长的“灯塔”。常规教育对于建立幼儿的秩序感和保障幼儿园教育活动的顺利开展具有极其重要的作用。教师应该高度重视幼儿的常规教育，通过良好的教育秩序，实现幼儿的自我约束、自我控制和精神自由，促进幼儿在认知、情感、技能等多方面的全面发展，为培养一代有用的公民奠定坚实的基础。

第二节 运用科学方法了解和评价幼儿

教育评价，在幼儿园教育中扮演着至关重要的角色，它不仅有助于教师了解教育的适宜性和有效性，还能促使我们对教育工作进行调整和改进，以确保每位幼儿都能得到充分的发展，提高教育质量。评价是一把双刃剑，因此教师的评价方法、目的以及理念都能对教育产生深远的影响。在幼儿园教育中，如何进行教育评价已成为一个极为关键的问题。

一、教师对幼儿的评价要全面、恰当

在日常生活中，教师与幼儿的接触最为频繁，教师往往是幼儿最依赖的人，因此，教师的评价对于幼儿的自我认知和成长具有深远的影响。教师的评价应该建立在对幼儿充分了解的基础上。我们提倡的是一种以幼儿为中心的教育，教师不仅需要全面了解整个班级的情况，还要深入了解每个幼儿的个性特点。教师应该能够看到每个幼儿的长处和不足，同时也要注意到他们不断变化和发展的一面。每个幼儿都有独特的性格和特点，有的外向，有的内向；有的活泼，有的害羞。对于一些幼儿，他们可能会主动表现，而对于另一些幼儿，教师可能需要通过观察、与他们的个别交流以及与家长的沟通来更好地了解他们。只有这样，教师的评价才能更准确和全面。

二、教师对幼儿的评价要依赖幼儿的年龄特点

幼儿的认知水平是具体而直观的，他们的理解能力有限，因此，教师的评价应该简单明了，宜于幼儿理解和接受。教师应该以正面方式为主展开评价，多鼓励和引导幼儿。教师要明白，评价的目的是激励幼儿，促使他们进步并保持积极的动力。因此，教师应该多次给予正面的评价，鼓励幼儿不断努力上进，关注他们的进步。同时，教师还应该与幼儿一起参与各种活动，让他们获得成功的体验，增强自信心。教师可以使用鼓励性的语言，比如“你能行”“你一定会做得很好”等，并与幼儿一同探索，以促进他们的发展。

三、教师对幼儿的评价应是具体客观的

评价应该基于幼儿的实际表现，而不应受到教师主观印象或个人偏见的影响。教师不应认为那些表现出色的幼儿在所有方面都表现出色，也不应认为那些表现不理想的幼儿在所有方面都“不行”。教师应该公正地对待每位幼儿，给予他们同等的关爱和教育。对于表现出色的幼儿，教师不仅应该表扬他们的优点，还应该指出他们需要改进的地方，以帮助他们更全面地发展。对于表现不理想的幼儿，教师应该关注他们的进步，及时给予鼓励，让他们看到改进的希望，并告诉他们哪些方面需要继续努力。这种客观评价的方法有助于幼儿正确认识自己的优点和不足，激发他们不断进步的动力。

四、成长记录袋在幼儿评价中的应用

成长记录袋源自国外，是一种新兴的教育评价方式。它通过记录幼儿的兴趣、态度以及在特定领域的努力、进步和成就，能反映幼儿身心发展的情况。这种方式有助于克服传统评价方式的局限性，更好地体现评价改革的新理念。教师可以使用成长记录袋来描述和评价幼儿的发展，多项实践证明，这项活动能取得一定的教育效果。成长记录袋的形式和用途呈多样化，可以在幼儿评价中发挥积极的作用。

教师应根据幼儿的年龄特点，对幼儿进行客观而具体的评价，还可以借鉴国外的教育评价方式。教师应更好地了解幼儿的发展，促进他们的成长，提高教育质量。这是幼儿园教育中十分重要的一环。

第三节　与幼儿有效沟通的策略

在我们的生活中，每个人都经历过幼儿时期，那个充满好奇、探索和模仿的黄金阶段。对于幼儿，与成人的互动是其认识和理解世界的重要途径。而对于与之互动的成人，尤其是教育工作者，如何与幼儿进行有效沟通，建立起积极的互动关系，显得尤为重要。而这不仅关乎幼儿的成长，更影响着他们未来的发展。

一、良好的师幼关系对幼儿的影响

积极互动与相互影响，能够为幼儿提供认识自己和理解他人的机会，这种关系的基本特征在于尊重幼儿、鼓励幼儿，并积极回应幼儿的各种需求。

积极互动与相互影响，还有助于培养幼儿的社会性、情感态度，以及促进智力发育，为幼儿提供了良好的条件。

早期教育的最佳途径，是通过教师与幼儿积极互动和热情鼓励的个别交往，让幼儿获得成人的支持。

二、如何建立良好的师幼关系

(一)良性互动

教师要经常抱抱幼儿，同时称呼他们的名字，微笑并弯下腰与幼儿交流。还要经常抚摸幼儿的头部和背部，用温和的目光与之交流。当幼儿之间发生冲突时，教师的态度至关重要，需要根据情况灵活解决并进行有针对性的教育。例如，如果两名幼儿吵架，教师可以决定是否干预，或者让幼儿们自行解决；但如果有幼儿出现攻击性行为，教师必须立即制止和纠正。

(二)时时关注

教师必须时刻关注幼儿的需求，并及时做出回应。例如，在集体教育活动中，如果有孩子尿湿裤子，教师应该立刻帮助他们更换干净的衣物。心理学家马斯洛将人的需求分为五类，包括生理需求、安全需求、社交需求、尊重需求和自我实现需求。可见，生理需求是最基本的需求，所以教师应该优先满足幼儿的生理需求。

(三)开放性沟通

要以友好、积极和有礼貌的态度与幼儿进行交流，经常提出开放性问题，积极寻求与幼儿进行个别交流的机会。教师的要求可以分为开放性和关闭性两种。开放性的要求更有利于培养幼儿的良好习惯和性格。但在一些原则性问题上，如刷牙时间和睡觉时间，教师应坚持原则，不能纵容孩子。

(四)无条件关爱

要平等对待每一位幼儿，不给任何孩子贴上正面或负面的标签。贴上正面标签可能使孩子变得自负，而贴上负面标签则可能导致幼儿行为更差。教师每天都应该拥抱每个孩子，平等地、无条件地关心和爱护每个孩子。

(五)创造独立性发展空间

要鼓励幼儿发展与其水平相符的独立性，例如，让他们自己用勺子吃饭、在硬地上爬行，教他们使用剪刀等。教师应在幼儿出现某种行为时，培养他们的独立性。

(六)用积极的纪律约束，使幼儿形成内在的规则意识

在幼儿园中，教师应采用积极的指导方法，减少竞争、贿赂、批评和惩罚。对于纪律、规则的培养，教师应善用积极正面的引导技巧。在教育过程中，教师应坚持处理幼儿的错误行为方式，直到幼儿内化规则意识。

(七)创造和谐氛围

在幼儿园中，教师应创造愉快的氛围，让园内充满自然的笑声和兴奋的欢呼声，而不是尖锐的、压抑的呼喊声，或者出现强迫的寂静。不必过分强调对幼儿坐姿的要求。

(八)亲社会行为

要培养幼儿之间的合作和其他亲社会行为。亲社会行为是指道德和法律允许的行为，这些行为涉及关心和帮助他人。教师应鼓励儿童之间的合作，并培养他们的道德观念。

研究师幼互动关系，可以促进幼儿积极的情感、态度，以期得到更多的尊重和关注，从而使全面发展得到更好的促进，教师的专业素质和教学能力得到提高，使师幼合作关系更加紧密，幼儿园的整体办学水平、教育质量和声誉也能得到显著提升。

第四节 良好同事关系的建立

在幼儿园的教育环境中，幼儿教师需在以下几个方面着力，以建立和谐的同事关系。

一、认识自己，了解他人，有效沟通

为了与同事和睦相处，教师不仅需要认清自己，还要深入了解他人。这个过程旨在理解彼此的行为方式。只有当我们了解了自己、了解了他人并尊重个性，才能达到平衡，创造和谐的工作环境。同事之间的不和谐主要源于缺乏有效沟通。沟通是双向互动的过程，需要心灵相通、相互尊重和相互妥协，以达到共鸣和欣赏。

二、尊重他人，尊重自己，谦虚坦诚

在幼儿园中，无论是大型活动还是日常教学，教师需要经常协作。在这种情况下，教师们不应该单方面决定，而应该积极与同事沟通，以赢得他人的信任与支持。例如，可以提出："对于这个问题，你们认为最好的做法是什么?"或者："大家觉得这个方案可行吗?"遇到问题时，应该与同事多交流，不自大、不自卑，相互尊重，以获得互相协助。同事之间在工作中形成了一个共同体，因此应该树立集体观念，把大局放在首位。在外部时，要有团队合作的意识，不应该在外部批评同事，更不应该为了个人利益损害同事和集体的利益。教师在与同事相处时应该保持谦虚与坦诚，真诚对待他人，遇到问题时应该站在对方的角度考虑。

三、平等相处，宽容忍让，学会道歉

同事之间的地位是平等的，应该摒弃不平等的工作关系。无论是园长还是一线教师，无论是经验丰富的老教师还是年轻教师，都不应该表现出高人一等的姿态。同事之间由于经历和立场等方面的不同，不同教师可能对相同的问题有不同的看法，这可能引发一些争议，如果不及时妥善处理，就会逐渐演变成大的矛盾。当发生矛盾时，应该主动让步，反思自己，多站在对方的角度思考问题，以避免矛盾升级。如果矛盾已经存在，并且自己的行为也存在过失，那么就应该放下身段，向对方道歉，以真诚的态度感动对方。

四、注意同事交往之间的禁忌

(一)不要背后议论同事

在背后议论同事是一种不道德的行为。同事之间可能会产生争议或者不同意见，这时应该当面交流自己的意见，以促进相互理解和合作，而不应该在背后传播消息或者攻击他人。当面交流时，语气要平和，积极沟通，坦诚相待，努力解决问题有助于相互理解。

(二)不要形成小圈子

在一个幼儿园，如果几个教师频繁交往，容易形成表面上的“小圈子”，这样就可能引发其他同事的猜疑，让他们产生对背后议论的疑虑。因此，与同事交往时应该保持适当的距离，避免形成“小圈子”。

（三）不要涉及个人隐私

同事之间进行交流，有时候是一种礼貌的表达，不一定要讨论重要的事情或者交换意见。这时可以选择一些普通的话题，如天气、旅游或者某种商品的市场价格等，这些话题不会直接涉及个人隐私。

（四）不要将个人情绪带入工作

与同事相处时应该有礼貌，不论是多熟悉的同事都应该保持礼貌。每天的微笑或友好的话语是促进同事间交流的关键，打招呼时应该看着对方的眼睛。不要将个人情绪带到工作中，不要在幼儿园中板着脸，让人觉得你很高傲且不愿意与他人交往。随着社会的发展，人们对幼儿教育和幼儿教师在社会主义建设中的地位与作用，有了新的评估与认识。幼儿教师更应该感到自己肩上责任的重大，应严格要求自己，使自己成为思想境界、精神面貌和道德品质高尚的人。幼儿教师需要处理好个人与集体的关系，这是职业道德的重要内容之一。只有学会与同事建立和谐的关系，同事间互相协作，互相团结，步调一致，才能更好地实现教育目标。

第五节　家园沟通与合作的方法

家园共育，意味着幼儿家庭和幼儿园之间建立平等、互相尊重的合作伙伴关系，双方积极沟通、统一思想、密切配合，共同促进幼儿的成长。在这个过程中，家长扮演着重要的合作伙伴角色。为了实现这一目标，幼儿园需要与家庭进行双向互动，帮助家长提高科学育儿水平，同时请家长协助我们的教育与管理工作。通过这种互动，我们能够更好地挖掘家庭中的教育资源和潜力，促使家长的参与意识、角色认识、教育观念和策略发生积极变化，实现多维度、全方位、深层次的家园互动，提升家园同步教育的有效性，共同促进幼儿的成长，为提高教育质量贡献重要资源。

一、以家长为桥梁，促进家园教育的协调与配合

幼儿园应以家长为桥梁，建立平等、民主、和谐的师幼关系，以良好的感情交流，促进家园教育的协调与配合，从而达到共同教育的目标。

幼儿园管理者和幼儿教师充分激发家长参与幼儿园管理的积极性，实行民主管理，每班推选一两名关心班级工作、热心为家长服务、懂得教育的家长，组成家长委员会。

在学年初，举行家长会，园长应全面介绍本学期的工作安排和需要家长支持的事项，同时听取家长代表对管理和教学等方面的反馈意见。学期末，园长要向家长委员会汇报幼儿园的各项工

作，使家长委员清楚了解幼儿园的各方面情况，从而实现民主管理和家园共育。

家长会是一个向家长介绍幼儿园教育工作情况、讨论幼儿教育问题、与家长进行充分交流的教育活动。

家长会是家园共育的桥梁，其成功与否直接关系到幼儿园设定的班级教育目标是否能够顺利实施。同时，这也是一次与家长近距离面对面交流的机会。因此，教师要提前制定好活动方案，以真诚和尊重的态度赢得家长的信任，使他们全力支持和配合幼儿园的各项工作。

开展多样化的家长学校活动，包括专家讲座、专题讨论、保健知识宣传和家长育儿经验分享等。

邀请幼教专家来校做报告和举办讲座，为家长提供有针对性的服务，家长可以直接与专家交流，解决育儿过程中的问题和疑虑。专家还可以给家长分享有关素质教育和家庭教育的成功经验，推荐幼儿教育刊物和家庭教育书籍，帮助家长更新育儿观念，调整教育方法。

二、从小处入手，转变家长观念

幼儿园应从小处入手，本着做精做细的宗旨，转变家长的观念，配合幼儿园做好孩子的教育工作。

(一)问卷调查助教师深入了解家长的教育观念

教师可以定期发放家长问卷，了解他们对幼儿园管理、教学、伙食、卫生保健等方面的意见。通过分析问卷结果，教师能够了解家长对班级和整个园区工作的看法和建议，及时做出调整和改进。

(二)面谈和家访是最直接、最便捷的沟通方式，也是最常用的家园沟通方式之一

每天的放学时段，老师应认真接待家长访问，与他们直接交流。教师可分享幼儿在园中的表现，了解幼儿在家庭中的情况，和家长一同探讨教育方法。

(三)网上沟通是一种新兴的家园互动方式

利用网络，幼儿教师能够及时将新的教育信息发布给家长，包括每日教学内容、最近的活动通知、幼儿的活动照片、食谱和身体发展评估等。这种方式不仅迅速方便，也能够显著提高沟通效果。

(四)"家长园地"是一个重要的沟通平台

通过"家长园地"，幼儿教师可以向家长介绍幼儿园的教育活动和育儿知识。在这个平台上，园方可以宣传卫生和心理健康知识，分享家庭教育理念、经验和信息，告知家长孩子即将学习的知识和需要合作的事项等，从而促进教师、家长和家长之间的有效互动。

(五)《家园联系手册》是双向交流的桥梁

教师通过每月的记录向家长介绍幼儿在园内的发展情况，同时家长可以通过《家园联系手册》反馈幼儿在家的情况，从而实现家园教育的同步。

三、举办亲子活动，助家长了解幼儿园的教学理念

幼儿园可以举办形式多样的亲子活动、开放日活动，让家长在活动中了解孩子，了解幼儿园的教学理念，以便配合教师的

工作。

(一)亲子活动包括联欢会、亲子运动会、班级活动等

在这些活动中，教育内容和理念被巧妙融入游戏中，为家长提供学习、交流和展示的机会，鼓励他们提高养育能力，同时为孩子和家长提供共同游戏和成长的机会，以促进亲子关系。

(二)家长开放日活动能让家长详细了解幼儿园的工作

为了让家长能够以科学的眼光正确评估幼儿，幼儿园需要提前告知家长每次活动的重点和观察点，包括听说习惯、独立操作、时间观念、口语表达和社交能力等方面的发展情况，让家长可以观察幼儿在集体中的表现，学习教师的教育方法，从而使家长开放日活动能够达到预期效果。

总之，家长工作需要不断实践和创新，以满足家园共育的需求。通过多样化的互动方式，家长将更积极地参与，家园共育将更加适应时代的发展，真正地促进幼儿健康成长。幼儿园应该把家园合作视为幼儿园工作的重中之重，不断地尝试和探索，以培育更多的教育精英。

第六节　幼儿园与社区合作的策略

在多元化的现代教育体系中，幼儿园教育作为基础教育的重要一环，不再是一个孤立的教育环境。它与更广阔的社会环境，尤其是与其所在的社区环境紧密相连。如何更有效地将幼儿园教育与社区资源相结合，不仅能丰富幼儿的学习体验，还能为社区的文化建设、精神文明创建等方面贡献力量。因此，本节将深入探讨幼儿园与社区合作的重要性，以及在合作过程中应遵循的策略和方法，并将着眼于如何突破传统教育模式的局限，充分发挥社区的综合优势，为幼儿创造一个多元、开放、共享的成长空间。同时，也将探讨在这一过程中可能遇到的问题和挑战，并提出具体的解决策略，以期构建一个和谐互动、共同发展的社区教育新格局。

一、幼儿园与社区合作的意义

(一)开阔幼儿视野，促进幼儿身心和谐发展

社区的自然景观、历史名胜、公园、游乐园、图书馆等文化设施，都是学前儿童能够参观、游玩、参与的宝贵资源，有助于扩展幼儿的视野，促进幼儿身心健康的全面发展。社区内的商店、超市、银行、邮电局、养老院、电影院、学校等，为学前儿童提供了丰富的社会认知机会，能帮助幼儿积累社会经验，接受社会性教育。社区内的专业人员具备各种专业和职业优势，可以为学前教育机构提供多方面的人力、物力、财力、教育场所、教

育信息和智力支持。学前教育机构可以充分利用社区资源，摒弃封闭的传统教育模式，开展开放式教育。带领幼儿走进社区、融入社会，也可以邀请社区成员来学前教育机构，引导幼儿与丰富的社区环境和相关人员进行互动，从而拓宽他们的视野、拓展他们的认知，促使其身心全面发展。

（二）支持社区建设，为社区提供教育和文化服务

当今，学前教育机构具备众多优势，拥有完善的硬件设施和环境、专业的师资队伍，以及有计划、有组织的教育内容和活动等，因此，学前教育机构在社区教育发展中扮演着核心角色，推动社区学前教育的壮大。因此，学前教育机构应以自身的优势为社区服务，支持社区内各项教育活动的开展。

社区的文化发展和其他领域也需要学前教育机构的支持。作为社区的一部分，学前教育机构在美化校园环境、提高教师和员工的素质、培养幼儿良好的文明习惯等方面，可以为社区的精神文明建设贡献力量，成为社区的榜样，推动其他单位和居民的精神文明建设。组织教师和幼儿参加社区的各种宣传活动，为社区家长举办家庭教育讲座，有助于活跃社区文化氛围。提高学前教育机构的办学质量，有助于培养高素质的社区公民。学前教育机构融入社区，能为社区建设和谐社会贡献力量。

二、幼儿园与社区合作的途径

（一）与社区资源共享，发展以幼儿园为核心的社区幼儿教育

幼儿园可以发挥自身作为专业教育机构的优势，向社区扩展教育功能。例如，在节假日开放幼儿园，供社区儿童使用校内设

施；举办幼儿教育讲座，提升社区成员的教育水平；支持社区内的幼儿教育活动；协助社区举办各种教育活动等。尤其是随着我国经济体制改革的深入，一些企业单位的幼儿园关闭、合并、转型，社区需要幼儿园的帮助和指导，以促进非正规幼儿教育的发展。

(二)助力社区精神文明建设，共创幼儿发展的良好环境

幼儿园是社区的一部分，应该努力提高自身的文明程度，为社区的精神文明质量做出贡献，如美化校园环境、提高教师和工作人员的素质、培养幼儿良好的文明习惯等。一个优质的幼儿园可以成为社区精神文明的典范，对社区的精神文明建设起到示范和推动作用。同时，社区的文化也会通过多种方式影响幼儿园，因此，幼儿园应积极吸纳社区的优秀文化，将其转化为自身的无形资产，促进社区成为幼儿园精神文明建设的推动者。

(三)幼儿园与社区结合的问题

幼儿园与社区的合作是一个新课题，需要积累更多经验。在合作的过程中，主要问题包括合作驱于形式主义，实际教育效果不明显；有可能扰乱幼儿园的日常教育教学规律，增加教师和幼儿的负担；社区与幼儿园的合作活动与教育活动分离，未能有效利用社区环境深化幼儿园的教育等。

三、幼儿园与社区合作应注意的问题

(一)优先考虑对幼儿的健康和安全有益的社会资源

在利用社区资源时，教师应注重情感融合，将各种能力培养与社区资源有机结合，有效地整合社区资源和学前教育活动，以

使幼儿获益，促进他们的发展。

(二)加强与社区和家长的沟通

幼儿园应与社区资源密切合作，要让社区和家长了解学前教育机构的意图、具体内容和要求，以获得他们的理解、支持和帮助，从而实现真正的合作。

(三)增强社区意识和构建和谐社会的责任感

幼儿园需要更新办学理念，实施开放式办学，为社区教育、幼儿共育做出努力，为构建和谐社区贡献力量。

第七节　提升反思能力，促进工作开展

幼儿教师在教育教学工作中应注意反思。这种思考可能表现在教师之间的碰头会、活动总结，以及与家长的沟通反馈等方面。那么，什么是反思？与其他形式的思考有何不同？反思能力指的是教师在教育活动中，将自己置于思考的对象中，积极主动地规划、检查、评估、反馈、控制和调整自己以及教学过程的能力。这种能力将决定幼儿教师专业成长的方向。现代幼儿教育专业发展研究者普遍认为，“教师的成长＝经验＋反思”。对于幼儿教师的培训来说，经验是必不可少的，而培养幼儿教师的反思能力则可以通过多种途径和方法来实现。因此，培养教师的反思能力已经成为当前幼儿教师培训实践中的核心问题。

一、当今幼儿教师缺少反思能力的原因

1. 缺少反思的意识

传统的教学方式已经在我们的思维中形成了一种定势，教师被看作是知识的传授者，而幼儿则是接受知识的被动对象。这种机械化的教学方式使得教师很少思考诸如“这种方法是不是最好的”“是否有更有效的教学方式”“这种方式是否适合每个幼儿”等问题。有些教师出于性格原因或者思想上相对保守，不愿真诚地与同事交流，听不到他人好的意见和建议，而自己也不善于向他人征询意见。但是“不识庐山真面目，只缘身在此山中”，当局者迷，旁观者清，自己不能“日三省乎己”，又不能虚心求教，那么

就容易囿于其中，认识不到自己存在的问题。

2. 缺少反思的氛围

虽然许多幼儿园已经认识到教育研究在教师成长中的关键作用，但有时教育研究不够深入，方法不一定得当。教师之间可能会存在竞争，教师也会感受到压力。有些教师不敢坦率地表达自己的观点，对人际交往有顾虑，也不愿意真诚地为他人提意见和建议。于是“教育教学反思”便形同虚设，在幼儿园内也就无法形成积极的反思氛围。

3. 缺少反思的机会

工作在幼教一线的教师们日常非常忙碌，需要处理备课、制作教具、布置环境、组织各种活动等琐事，这占据了他们的大部分时间和精力。幼儿教师参观学习的机会也相对有限，而幼儿园也没有形成反思机制，缺少教育研讨，这使得教学理论和实践之间存在脱节，幼儿教师每每有困惑，却不能得以解惑。时间久了，幼儿教师忙于应对日常工作，也就不再注重反思。

二、充分利用各种有利条件，提高幼儿教师的反思能力

针对幼儿园工作的特点，可以利用各个环节来培养幼儿教师的反思能力：

1. 增强反思意识，将其融入学习和阅读的笔记中

幼儿教师应该广泛阅读，了解教育发展的动态，阅读各地的幼教刊物。在阅读中，记录经典言论、观点和活动，然后反思自己的教育理念，将理论与实践有机结合。

2. 利用教学实践观察，锤炼反思能力

教师每天都在备课和开展教育活动，可以结合幼儿的表现进

行案例分析，设立新的目标。

3. 利用观摩学习和同事交流，提升反思能力

参加专题讲座、研讨会，或者园内的集体备课和观摩课，都是提高反思能力的绝佳机会。在这些场合，幼儿教师可以与专家、同事互相学习，开诚布公地交流，找出差距，共同进步。

4. 利用教学评价，培养反思能力

上级、领导、家长、同事对教师的评价是一种反馈。教师应以正确的态度积极对待这些评价，将其视为了解自己的优势和不足的机会，促使自己在不断反思中提高和成长。

三、幼儿教师应灵活掌握反思的策略

反思是一种强有力的工具，它让我们能够从不同的角度审视同一件事情，从而获得不同的见解和结果。

1. 从成功之处出发

在一次大班操作活动“水果串”中，某幼儿教师为幼儿准备了各种大小不一的水果玩具，让他们串成自己喜欢的水果串。在这个过程中，许多幼儿展现出了创意，按照各自的想法串成了不同的组合，有的按照水果大小排序串，有的按色彩交替串着不同的水果，其中融入了科学领域的分类和排序概念。这符合《纲要》的要求，强调教育活动应注重综合性、趣味性，将教育融入生活和游戏中。

2. 寻找不足之处

在一次观摩课中，某幼儿教师组织了一堂艺术课，让幼儿用橡皮泥制作刺猬背上的果实。虽然大多数幼儿兴致高涨，积极参与，但桌子的一侧有几个孩子却显得有些不安分，他们自己捏出

了一只小兔子，而不是果实。尽管教师表扬了他们的创造力，但态度并不十分明确，也没有深入挖掘孩子们的创意。《纲要》指出，教师应该提供更多的机会，鼓励幼儿用不同的艺术形式表达自己的情感和想象，尊重每个幼儿的独特想法和创造方式，分享他们创造的乐趣。教师需要更加积极地参与幼儿的生活，发现他们的创造力，让他们自由地学习和创造。

3. 抓住教学机会

在一次主题教育中，教师要求每位幼儿带一张自己妈妈的照片到幼儿园。大多数幼儿都带来了妈妈的生活照片，但有一个孩子却黯然神伤，因为他没有妈妈的照片。其他孩子开始议论纷纷，这让那个孩子感到很尴尬。教师立刻意识到这个孩子的家庭情况可能比较特殊，他的父母在外地打工，他平时和爷爷奶奶生活，属于留守儿童。最终教师采取了明智的方式，引导孩子们一起找到了解决办法，他们决定为那个孩子画一张特殊的“照片”。这一课堂实例教育我们要考虑每个孩子的背景和家庭情况，关注他们的需求，让他们能够摆脱不必要的烦恼，保护他们的自尊心，让他们的童年充满欢笑和快乐！

4. 发现幼儿的创新

这需要幼儿教师具备敏锐的观察力和灵活的反应能力。教师需要及时发现幼儿在教育活动中的创新思维，正确引导他们，促使他们的创新思维得到发展和支持。但是在现实教育教学工作中，幼儿教师有时不能及时发现幼儿的创新思维，反而是在活动结束之后，进行反思时才意识到在当时的情景下，幼儿表现出来的创新思维是多么可贵。这时，幼儿教师就要进行深刻反思，可以把反思写进工作日志，也可以写进自己的日记，分析原因，回忆当时的情景，想一想自己当时应该怎样激励幼儿，更加灵活地组织教育教学活动。只有不断积累，不断反思，幼儿教师才能真正地提升能力。当下一次类似情景再现时，幼儿教师才能得体地组织教育教学活动。

四、因地制宜、因人而异地使用反思方法

1. 反思日记

这是一种自由度很高的方法，幼儿教师可以随时记录幼儿的日常生活，寻找反思的素材。

2. 详细描述

教师可以相互观摩教学，进行讨论和分析，坦诚地交流意见和建议。通过详细的描述和讨论，教师可以发现平时不容易察觉的问题。

3. 现场讨论

在幼儿教育领域工作的教师们可以聚在一起，讨论教育教学中出现的问题和现象，并共同探讨解决办法，最终形成全体教师的共识。

4. 行动研究

有些问题可能需要进行更深入的研究和探讨，不仅是个体教师进行反思和讨论所能解决的。这时，教师和研究者可以进行调查、实验和研究，开展行动研究，以寻找改进教学的方法。

五、要让反思成为幼儿教师的习惯行为

为了让反思成为幼儿教师的习惯，需要让教师认识到反思的重要性和方法，体验到反思实践的益处。幼儿教师应以提高工作

效果和个人成长为目标进行反思。教师们应积极挖掘自身的潜力，不断提高自己的要求，追求更高层次的人生价值。只有将反思变为自主、习惯性的行为，不断地学习和提高，才能获得更好的效果，成为现代幼儿教师中的研究型教师。

具有反思能力是时代对幼儿教师的新要求，也是幼儿教师职业发展的新目标。它将成为幼儿教师专业成长的有力助手，被广大幼教工作者所接受。

第八节　制定发展规划，提升专业素质

在快速发展的现代社会中，幼儿园教育作为培养新一代公民的重要基石，其专业性和素质直接影响到国家的未来。然而，如何使幼儿园教育与时俱进、不断创新和提升呢？幼儿教师首先应做好个人专业发展规划。

一、幼儿教师的发展规划应个性鲜明

幼儿教师的个人专业发展规划是对自身的规划，而非他人安排，紧密联系着幼儿教师的个性、职业生涯、学习和工作。每位教师都是独一无二的，虽然可能与他人在发展问题和水平上有相似之处，但绝不会完全相同。因此，幼儿教师的专业发展规划应强调个性特质、德行、能力、情感、理想和追求，以及个人的优势和劣势。规划必须基于自我认知和需求，只有这样的规划才具有个人价值。

二、幼儿教师的发展规划应内容具体

幼儿教师制定的发展规划必须具体明确，不能模糊不清，更不能泛泛而谈。不论是专业发展的目标、方法、路径，还是策略，都必须明确表述，清楚地说明是什么、为什么、如何实施、何时执行等。语言表达应简明扼要、明晰清楚，要避免使用笼统、概括或含糊的词语。

三、幼儿教师的发展规划应切实可行

规划必须具备可行性和可操作性，制定规划时应充分考虑个人专业发展的实际情况、所处环境、面临问题和需求，注重规划的实际性和针对性。不应盲目借用他人的观点和规划，使其成为非个人化的方案，失去实际应用价值。[①]

四、幼儿教师的发展规划应效果明显

规划不能仅仅停留在理论和概念层面，不应只是空谈“应该”“如何”和“已经”，而应更多地关注自身专业发展中应该采取哪些具体行动，如何更好、更快、更有效地推进自己的专业发展。规划需要经过实施、反思和调整，以确保教师个人的专业发展能够取得明显的成果。

五、认识自我，制定合理的发展规划

自我认知是制定个人成长计划的第一步。“我知道我的未来不是梦，我认真地过每一分钟……”在梦想与现实之间，需要做出许多抉择。应该选择哪条道路？应该追求什么？每个人都有独特的人生，不应该依赖他人来决定自己的方向。自我认知包括了了解自己的兴趣、爱好、工作中的不足之处，以及未来的潜力和人生价值观等。我们可以通过分析自己，进行反思，或与同事交流来获得客观的自我认知，为制定个人成长规划做好准备。

---

① 王亚娟．对《幼儿园教师专业标准（试行）》（征求意见稿）中若干问题的探讨[J]．河南教育学院学报（哲学社会科学版），2012，31(04)：60－62.

六、在发展规划中应确立发展目标

制定发展目标时，应具体而明确，不宜过于宏大或抽象。首先，应结合自我认知制定近期目标，即通过一段时间的努力可以实现的目标。例如，新教师可以设定目标，如“熟练组织半日活动”“提高语言组织能力”“改进区域活动指导策略”等。然后，在此基础上建立中远期目标，如“成为教育领域的新秀”“参与课题研究”等。这样有助于有针对性地推动自身的发展，实现个人价值。

七、幼儿教师制定发展规划应选择行动策略

确定发展目标后，应选择行动策略。要充分利用园内和园外资源，根据自身的需求选择最适合的行动策略。可以借鉴经验丰富的同事、园内的进修政策、当地高校或教育培训机构的招生计划、图书资料、网络资源等。此外，建立师徒关系或学习小组等形式也有助于青年幼儿教师的专业发展。

八、在发展规划中拟定在职研修时间表

教师应根据重要程度排列个人专业发展主题，根据实际情况选择进修方式。时间表可以单独制订，例如在某一方面的学习计划，也可以综合考虑学历提升和专业能力提高的时间表。制订时间表后，要有计划地实施。

九、幼儿教师制定发展规划的具体实施方案

(一)幼儿教师应树立终身学习的观念

幼儿教师应通过学习不断提升师德修养，丰富知识结构，加

强理论基础。要充分利用“师带徒”的机会，多观摩老教师和同行的课堂，积极地汲取他们的经验，吸收优点，提高自己的教育水平，以确保教学质量不断提升。

(二)幼儿教师应勤于动笔，提高教育科研水平

在备课前要深入研究教材，充分准备，确保备课充实而周到。课后要进行教学反思，记录课堂中的问题和自己的收获，积累素材以备将来用于研究或论文撰写。

总之，幼儿教师应通过制定发展规划慢慢改进自己，一步一个脚印，与幼儿一起成长，与幼儿园一同发展。

参考文献

[1]中华人民共和国教育部.《幼儿园教育指导纲要(试行)》(教基〔2001〕20号)[Z]. 2001-08-01.

[2]邓晖.教育部发布《3—6岁儿童学习与发展指南》[J]. 基础教育论坛，2012(29)：7.

[3]李季湄，冯晓霞.《3—6岁儿童学习与发展指南》解读[M]. 北京：人民教育出版社，2013.

[4]中华人民共和国教育部令第39号.《幼儿园工作规程》[Z]. 2016-03-01.

[5]中华人民共和国教育部教基〔2022〕1号.《幼儿园保育教育质量评估指南》[Z]. 2022-02-10.

[6]程茜.基于保教结合的幼儿园保育质量评价研究[J]. 教师，2022(30)：75—77.

[7]中华人民共和国教育部教师〔2012〕1号.《幼儿园教师专业标准(试行)》[Z]. 2012-09-13.

[8]舒慧，费广洪，谷晴晴.教师在游戏前对幼儿进行指导的质性研究[J]. 中国教师，2020(05)：78—81.

[9]王亚娟.对《幼儿园教师专业标准(试行)》(征求意见稿)中若干问题的探讨[J]. 河南教育学院学报(哲学社会科学版)，2012，31(04)：60—62.

[10]沈伶.陶行知生活教育理论对学前幼儿家庭教育的启示[J]. 当代家庭教育，2022(03)：80—82.

[11]吴炫．幼儿教师职业压力、心理弹性与生活满意度的关系研究[D]．哈尔滨师范大学，2021.

[12]秦旭芳，闫荣林．幼儿教师心理压力解析——透过158名幼儿教师看当前幼儿教师群体发展的障碍[J]．学前教育研究，2007(09)：42—45.

[13]李希梅．终身学习与幼儿教师职业认同的关系研究[J]．教育观察，2021，10(40)：87—89.

[14]李玉馨．维果茨基最近发展区理论对我国学前教育的启示[D]．中央民族大学，2013.

[15]张耀文，钟天隆．《教育科学与儿童心理学》与皮亚杰的教育思想[J]．教育教学论坛，2018(21)：96—98.

[16]陈琦，刘儒德．当代教育心理学[M]．北京：北京师范大学出版社，2019.

[17]卡洛琳·爱德华兹．儿童的一百种语言[M]．南京：南京师范大学出版社，2014.

[18] A. C. 哈伍德．童年密码：从理论到实践，探看华德福教育[M]．成都：西南交通大学出版社，2020.

[19]程秀兰，马艳，曹金金，等．家庭语言环境对3—6岁幼儿理解性词汇发展的影响[J]．教育导刊(下半月)，2021(05)：76—82.

[20]曹春云．家庭视域下学前儿童语言教育的特点及路径分析[J]．教育导刊(下半月)，2021(02)：67—70.

[21]洪秀敏．学前儿童发展[M]．北京：高等教育出版社，2013.

[22]周念丽．学前儿童发展心理学[M]．上海：华东师范大

学出版社，2014.

[23]杜坤，王庆雄，梁小红，等．儿童视觉空间识记特征与数学能力的相关性研究[J]．中国儿童保健杂志，2014，22(06)：569—571，579.

[24]张新凤．基于记忆策略的绘本教学对幼儿记忆品质的培养研究[D]．湖北师范大学，2023.

[25]江苏省陈鹤琴教育思想研究会．陈鹤琴教育思想研究文集：纪念陈鹤琴先生诞辰130周年(理论篇、实践篇)[M]．南京：南京师范大学出版社，2022.

[26]李燕．学前儿童发展[M]．上海：华东师范大学出版社，2016.

[27]杜才飞，武元丽，吕苹．混龄走班游戏中无结构小组对幼儿同伴交往的影响[J]．学前教育研究，2020(04)：73—84.

[28]卢长娥，Roxanne Fillmore，王勇．幼儿自尊与攻击性行为的特点及其关系[J]．学前教育研究，2016(04)：56—63.

[29]龚光军．陶行知教育思想及其当代价值研究[M]．成都：西南交通大学出版社，2018.

[30]喻本伐，郑刚．中国幼稚教育名家思想研究丛书[M]．上海：华东师范大学出版社，2020.

[31]黄小奇，宋慧，李青彦．家长参与幼儿园课程建设的路径探析——基于瑞吉欧经验的启示[J]．教育观察，2023，12(12)：22—25.

[32]朱娅婷．华德福的家庭教育理念及其启示[J]．教育观察，2021，10(32)：115—117，124.

[33]张永英．蒙台梭利感官教育批评之回顾、反思及启示

[J]. 学前教育研究，2023(10)：14－25.

[34]樊豫争．国内外比较视角下我国高瞻课程研究现状及对策分析[J]. 昆明学院学报，2021，43(05)：72－77.

[35]雷彩银．幼儿园教师的科学精神与科学教育意识[J]. 学前教育研究，2021(03)：85－88.

[36]万国鲜．浅谈幼儿园环境创设的设计教学实践[J]. 课程教育研究，2020(47)：85，87.

[37]孙海霞．浅谈幼儿园环境创设对幼儿的影响[C]//广东省教师继续教育学会．广东省教师继续教育学会教师发展论坛学术研讨会论文集(五)，2023：498－500.

[38]刘焱．儿童游戏通论[M]. 北京：北京师范大学出版社，2004.